やせルーティン

モデルや女優が続けている
毎日の“ルーティン”を真似するだけ!

BOSTY代表トレーナー
阿部一仁

#Yase Routine

はじめに

皆さんはダイエットをキツくて大変なものだと思っていませんか？

毎年、様々なダイエット方法が現れては消えて、その度にリバウンドを繰り返す人がたくさんいると思います。


どんなダイエット方法でも一時的にやせることはできるでしょう。

ただ持続できないダイエットや食欲のコントロールができないダイエットでは、必ずリバウンドが待ち構えています。


ダイエットは皆さんが思っているよりも実はとても簡単です。

なぜ太る人は太り続け、やせている人はやせた状態をキープできるのか？

答えはシンプルで、「太る人は太りやすい食べ物を選び」、「やせている人は太りにくい食べ物を選んで、適度に運動している」からです。


本書は、ＢＯＳＴＹに通ってくださるモデルさんや女優さんへの指導と同じ内容です。皆さん特別なことをされているわけではなく、「食べてやせる健康的な食事＋ストレッチ＋適度な筋トレ」の〝やせルーティン〟を習慣にしているのです。

今回は、適度な運動として美尻に焦点を当てた「骨盤ストレッチ＋一番効率的な美尻トレーニング」を組み合わせてプログラムしていますので、より効果を実感しやすいと思います。

また、本書ではカロリー計算はしません。

なぜなら計算に時間を使うより、「何が体に良いものか悪いものかを自分で考えて選ぶ」という選択に慣れて欲しいから。この選択に慣れれば、カロリー計算なんてしなくても自然とやせやすい食事になるのでトライしてみてください。

ぜひ、〝食べてやせる健康的な食事＋体で一番大きい筋肉を動かす美尻トレ〟を組み合わせた、〝やせルーティン〟を身につけて美しく健康的にやせましょう。

Special Interview

“体”は思っている以上に簡単に変わるし、また変わってしまう

——ダレノガレ明美

間違ったダイエットで
リバウンドを繰り返すことが多かったという
ダレノガレ明美さん。
そんなダレノガレさんが
BOSTYの阿部さんと出会って変わったのは、
自分に合った方法を知ることが
理想の体への近道だということ。
どのようなダイエット法が合っていたのか、
そして今の体型を維持するために
BOSTYに通い続けている
ダレノガレさんの〝やせルーティン〟について、
阿部さんと対談しました。

ダレノガレ明美

1990年7月16日生まれ、ブラジル出身。2012年にモデルとしてデビューするやいなや、歯に衣着せぬキャラクターで話題となり、バラエティー番組をはじめ、CM、ドラマ、雑誌と幅広く活躍中。

気になる部分だけ
なんとかしようと
我流でダイエットや
トレーニングをしても
やせられません

細いのにお尻が垂れている
そんな自分の後ろ姿に
ショックを受けて
阿部さんのBOSTYに
駆け込みました（笑）

BOSTY
Akemi Darenogare × Kazuhito Abe

モデル
ダレノガレ明美さん

BOSTY代表トレーナー
阿部一仁さん

トレーニングの基礎は食事
ダレノガレさんのやせルーティンは
食生活の改善からスタート！

ダレノガレ　4年前、夏に友だちとプールにいったときにふいに撮られた写真を見たら、自分の後ろ姿にショックを受けて……。「え、わたしってこんなにお尻が垂れてるの?!」って。普段は自分の後ろ姿を見ることないし、そのときは体重が40kgぐらいしかなかったから、まさかお尻が垂れているなんて思ってもみなかったんです！　それで、体がカッコイイなって思う芸能人の方々がこぞって通っているパーソナルジムがあるって聞いて、阿部さんを紹介してもらったんです。

阿部　初めて会ったときは、やせているうえに体力もないという印象でしたね。まずはどんな食生活しているのかが気になりました。

ダレノガレ　もともと食べることに執着がなくて、忙しいと食べることを後回しにしていました。気がつくと、「あ、食べてなかった」ということが多かったです。

阿部　そうでしたね。ダレノガレさんには、まず食事の指導が大事だと思いました。「まずは食べましょう！」と。トレーニング前は、おにぎり1個でいいから食べてくるように言いましたね。

ダレノガレ　そうです！　なので、「今日はトレーニングだから食べなきゃ！」みたいなところからスタートしました。これまで抜きがちだった朝食に納豆ご飯を食べたり、トレーニング前におにぎりを食べてから行こうと。

阿部　エネルギーがないといいトレーニングはできないんです。ガソリンを入れないと車が走らないように。エネルギーを入れてからトレーニングすると、体が変わるのを実感しやすいんです。

ダレノガレ　わかります。食べた後にトレーニングすると違いが分かるので、食べることって本当に大事なんだと思いました。

阿部　ダレノガレさんの場合は、まずはトレーニングのために必要なエネルギー源として炭水化物を適量取ることから始めて、たんぱく源なども取るよう指導を続けました。そうやって少しずつ筋肉をつける段階に入りましたね。

ダレノガレ　トレーニングのあとも、夜はお豆腐とかお肉とかを食べようと意識が変わりました。スンドゥブや寄せ鍋で色々な種類のキノコやお野菜、鶏団子やキムチを入れて、栄養バランスもしっかり考えるようになりました。

骨盤の傾きは、ストレッチでニュートラルにすることが大切

阿部　当時、ダレノガレさんの骨盤は前傾していて、反り腰気味なのが気になりました。そこで、ストレッチで腰の硬いところを緩めてからトレーニングするよう指導しました。

ダレノガレ　今でもトレーニング前のストレッチは欠かせないです。ストレッチをしないと、お尻のトレーニングなのに、前ももに効いちゃってる！とわかるようになりました。

阿部　骨盤は、生活習慣で傾くので、まずストレッチで整えることが重要。そうすれば、効かせたいところに効いてきます。ダレノガレさんは、スクワットはしないほうがいいタイプ。「これをすればやせる！」みたいなものを自己流で取り入れると自分に合わないトレーニングをすることになります。骨盤の傾きタイプによっても合うトレーニングが違うので、自分の骨盤タイプを知ることは大事なんです。

ダレノガレ　体のクセに寄り添ってトレーニングすることが大事なんですね。

“習慣（ルーティン）”を整えればみるみる体が変わって好きな体になれるんです

阿部　ダイエットは続けられる内容をルーティン化することですからね。

ダレノガレ　そうですね、昔よく「〇〇だけダイエット」とかにトライしては、しょっちゅうリバウンドしていました。バナナダイエットならバナナだけ食べていればいいって勘違いして。でも食べるタイミングや食べる量も、情報をかいつまんで適当にやっていたので、それも良くなかったと思います。

阿部　そもそも、「〇〇だけダイエット」なんてものは、リバウンドの始まりですからね。一時的にはやせられても、反動でドカ食いしてしまったりとリバウンドを繰り返してしまうんです。

ダレノガレ　阿部さんから、食べることは本当に大事って教えてもらって、今は自分のベスト体重もわかったので、その前後1kgぐらいで体調管理もできるようになりました。最近は体力も段々ついてきて、乗馬や水泳と趣味も増えて、趣味と仕事を一日でハシゴし

たり（笑）。あとは、夜は半身浴の後にボディクリームでマッサージしてストレッチするまでがナイトルーティンです。そして今は、お尻から背面全体を中心にトレーニングしています。体の後ろ側って、自分で鍛えないと、どんどん老化してくから！ 目指すのは、着やせして見えて、脱ぐと柔らかい女性らしいボディ！

阿部 P・42のバックアーチも、よくやっているトレーニングですね。あれは背面全体に効く筋トレなんです。

ダレノガレ あれはほんとキツくて！ 初めは叫んでやってました！ でも、阿部さん、「何やっているんですか？ まだですよ」って笑顔で厳しいから、終わらせてくれなくて（笑）。筋肉痛で動けなくなるときもありました！

阿部 キツいかもしれませんが、このトレーニングは背中を鍛えるためにやっている、姿勢が改善されるということを伝えて、イメージを植えつけるようにしています。

ダレノガレ そうなんです、それを言われるとわかりやすいので、「じゃ、頑張ってみよう」って不思議と思えるんですよね。

阿部 ダイエットは食事からトレーニング、その人の生活全般のルーティンが要になります。体が変われば前向きになれるし自信もつきますよね。

ダレノガレ わたしは正しい知識がなくて適当なダイエットで失敗してきました。でも、今は自分なりの〝やせルーティン〟を見つけて続けられています。ダイエットは苦しくて一時的なものではなくて、無理なく続けていくルーティンなので、みなさんもこの本で阿部さんのメソッドを隅から隅まで読んで、正しい情報を知って一緒に理想の体を目指しましょう！ 思ってること言ったら本の宣伝みたいになっちゃった（笑）。

●●だけダイエットや
カロリー計算ダイエット、
それ一生続けられますか？
そういうダイエットはそもそも
リバウンドの始まりです。

糖質制限やカロリー計算をするダイエットは、一時的にはやせるのですが、必ずと言っていいほどリバウンドします。なぜなら、その期間に我慢して制限しただけだけだから。その後も同じ我慢を一生継続しないと、そりゃあ体型は戻ってしまいますよね。そして、我慢は反動につながるので、数kg増でリバウンドしてしまうことも……。さらに低カロリーな状態に慣れた体は、代謝が落ちてやせにくい体になるという悪循環。

健康的にやせられて
リバウンドせず
美肌になって免疫力も上がる
そんなダイエット
知りたくないですか？

ダイエットって、実は全然難しいことではなく、むしろとっても簡単なことなんです。

　そもそも、太っている人は太る生活を送っていて、やせている人はやせる生活習慣を送っている、つまり毎日の〝ルーティン〟がダイエットのキーポイント。

　そしてやせたいという気持ちも大事。見た目が変わると、人は前向きになって雰囲気も考え方も変わり、人生を変えてしまうくらいのパワーがあるのです。

もう二度と
リバウンドしたくないアナタ！
1ヶ月で体重の5％
2ヶ月で10％を落とす
予約が取れないトレーナーの
やせルーティン
をやってみてください！

多忙で生活も食事も不規則になりそうなモデルや女優が、リバウンドしないでずっとやせている体をキープできているのは、毎日〝やせルーティン〟をしてるから！

〝やせルーティン〟は、面倒なカロリー計算も、つらい糖質制限もなしで、しっかり食べて週2回5分のトレーニングだけで健康的に美しくやせられるダイエットです。

無理や我慢をしないから、〝やせること〟を〝ルーティン化できる〟ダイエットです。

炭水化物抜き とか、カロリー制限 とか

毎日全力トレーニング とか

すごくやせそうでキツそうなダイエットより

カフェラテをソイラテ にするとか

甘い炭酸を炭酸水 にして 砂糖抜き とか

白米から玄米 に変えるとか

食物繊維を意識する とか

週2回5分だけストレッチ＆筋トレする とか

続けられるルーティンで

2ヶ月後、確実に体に変化が出ます！

たった3つの“やせルーティン”

トレーニング編

週2回だけ 骨盤ストレッチ

P.28～P.39

高いヒールを履いたり、つい脚を組んだり、座りっぱなしだったり……一つでも心あたりのある人は、骨盤が傾いているかも!? 骨盤が傾いていると、運動しても効かせたい部位に効かないので非効率。P.16の傾きタイプ診断でセルフ診断して、自分の骨盤に合うストレッチをしましょう。骨盤を整えると腰痛や姿勢改善などの効果も♪

週2回だけ 美尻トレーニング

P.40～P.49

お尻は、体の中でも太ももと合わせて一番の比率を占める筋肉。お尻トレーニングすると、エネルギー代謝が上がり脂肪がどんどん燃焼され、やせやすくなるという嬉しい効果が！ やせルーティンでは、オリジナルプログラムでお尻を鍛えます。しかもBOSTYに通う女優やモデルも同じトレーニングをしているという、効果が期待できるプログラムです♪

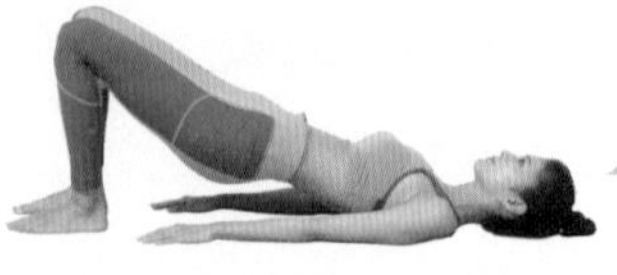

2つあわせても5分で終わる！
いつでもどこでもできる「ながら
トレーニング」でさらに効果アップ♥

食事編

健康的な 食べてやせる食事

P.56～P.93

1. 回数や量を減らさないでちゃんと食べる ➡P.60
2. 糖質制限ではなく、食物繊維が豊富な良質な炭水化物を取る ➡P.62
3. 主食は玄米やオートミール、大麦などの全粒穀物を食べる ➡P.64
4. 食事の基本は和食で、“ま・ご・わ・や・さ・し・く”と“あ・さ・に・に・じ・と・あ・か・こ” ➡P.66
5. 朝に果物を食べて“むくみ”を撃退 ➡P.70
6. 良質な油とアントシアニンで、体も肌もアンチエイジング ➡P.72
7. お酒も量と頻度を守れば楽しめる ➡P.74
8. 食べ過ぎた・飲み過ぎた日は“リセットルール”を！ ➡P.76

やせやすい体になるだけじゃなく、
アンチエイジング効果もあるし、
健康にもなれます♥

生活習慣で傾いた
骨盤をチェック！

傾きタイプ診断

脚を組む、片側にバッグを持つなどのクセは、骨盤が傾く原因になります。骨盤が傾くと、本来なら筋肉がつきにくい場所に筋肉がつき、必要な場所にはつきにくかったり、体型が崩れてしまったり……。ここでは自分自身の骨盤の傾きをセルフチェックで診断しましょう！

STEP 1

肩、背中、お尻、もも裏、かかとが
一直線になるイメージであおむけになる

顔は正面を見て
首が上がらないように

STEP 2

左右から、滑らすように腰と床の間に手のひらを入れる
スーッと入るか、腰につかえて入らないかをチェック
右手は入るけれど左手は入らないなど左右差も確認する

正常な人はスッと手が入り、手のひら1枚分の隙間が空いている

正常な人は、骨盤ストレッチを飛ばして美尻トレーニング（P.40～）からはじめてください。

手が入らない

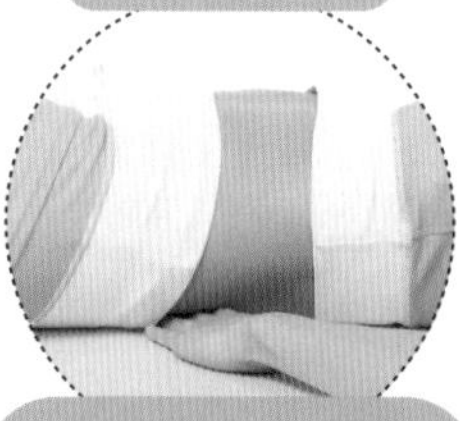

骨盤後傾タイプ

P17・P28~31

手がスカスカ

反り腰タイプ

P18・P32~35

片手だけ入る

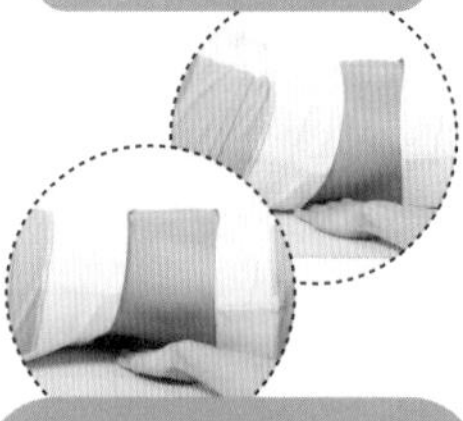

左右傾きタイプ

P19・P36~39

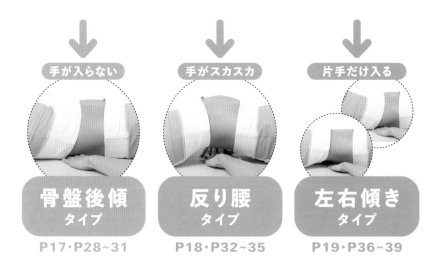

手が入らない人

骨盤後傾タイプ

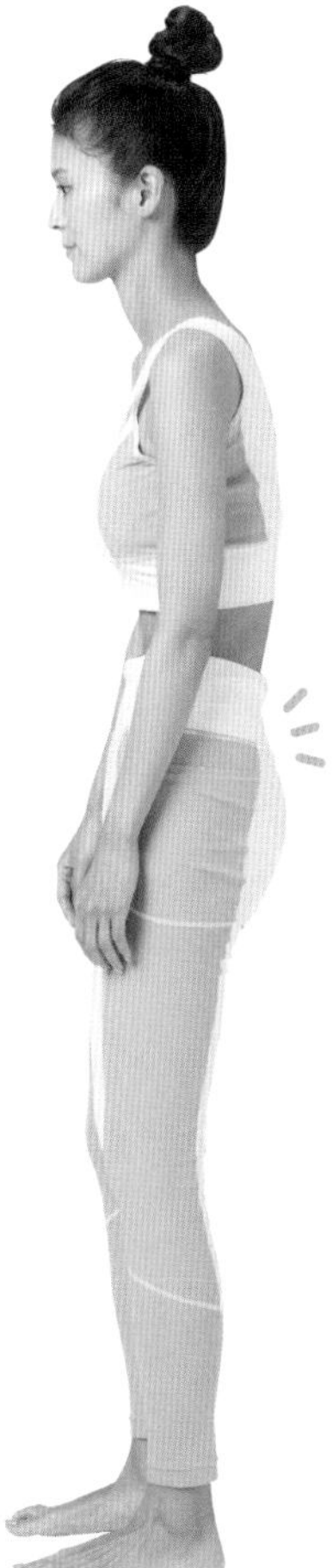

生活のクセ

- ✓ 長時間のデスクワーク
- ✓ 車移動が多くほとんど歩かない
- ✓ スマホを見るとき猫背になりがち
- ✓ 猫背で姿勢が悪い
- ✓ イスに浅く腰かける
- ✓ 電車に乗るとすぐに座りたい

床と腰の間に手のひらが入らない人は「骨盤が後傾」しています。特徴は、お尻に丸みがなく垂れていて、太ももとの境目がない、そして腰痛の悩みを抱えている場合が多いです。

骨盤が後傾していると、背中が丸まるので猫背になり、顔が前に出て肩こりの原因になってしまうという悪循環にも。また、お腹がポッコリ出てしまうことも。そして、どんなにトレーニングしてもお尻が上がらず丸みもつきにくくなってしまうので、まずはストレッチで骨盤のゆがみを整えてからトレーニングしましょう。

手のひらがスカスカ入る

反り腰タイプ

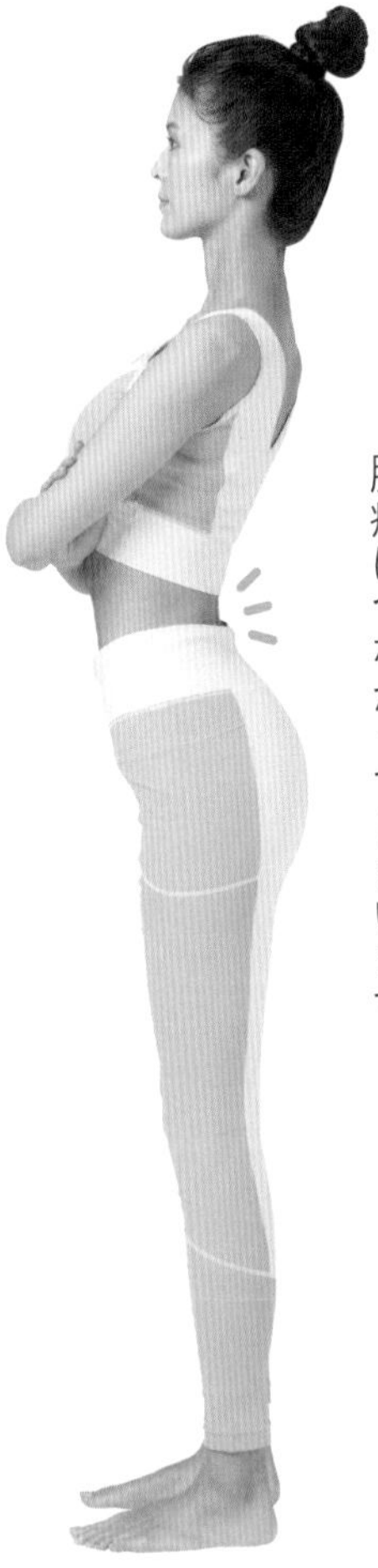

生活のクセ

- ✓ 姿勢を良く見せようと胸を張る
- ✓ ヒールの高い靴を履いている
- ✓ 首が前に出がち
- ✓ やせているのにぽっこりお腹
- ✓ お腹に力が入りにくい

床と腰の間に、手のひら1枚以上のすき間がある人は骨盤が前傾している、「反り腰」の状態です。すき間が大きい場合は、より腰の反りが強く、一見お尻がプリっと上がって見えますが、実は体の様々な不調の原因になりかねません。

例えば、背骨は24個の骨が繋がってS字カーブを描いていますが、筋肉のバランスが崩れると骨盤が前傾して、お腹の筋肉が弱くなり、前ももが張り、やせいてもお腹だけぽっこり出ている、下半身がガッチリしているなどの特徴があります。また腰を反らす筋肉が過剰に働くことで血流が低下し、むくみや慢性的な腰痛につながってしまいます。

片手は入るけれど反対側は入らない

左右傾きタイプ

生活のクセ

- **イスに座るとき、いつもついつい脚を組んでしまう**
- **脚を組むときに、片脚にぐるっと脚を巻きつけてしまう**

片側は手が入るけれど、もう片側は手がまったく入らないという人は、骨盤がねじれて左右差ができてしまっている「左右傾き」タイプです。

片側の骨盤が後傾していて、もう片側の骨盤が前傾しているので左右にねじれている状態になっています。右足を組むクセがある場合、組み足の前に出ている側の右腰が前に出てしまうので左腰が後傾します。そうなると左側のもも裏と股関節が弱くなり、右側の股関節は縮むので、縮んでいるところをストレッチで伸ばしてねじれを戻し、骨盤の左右の傾きを解消していく必要があります。

Contents

〈 本書の見方 〉

骨盤ストレッチ

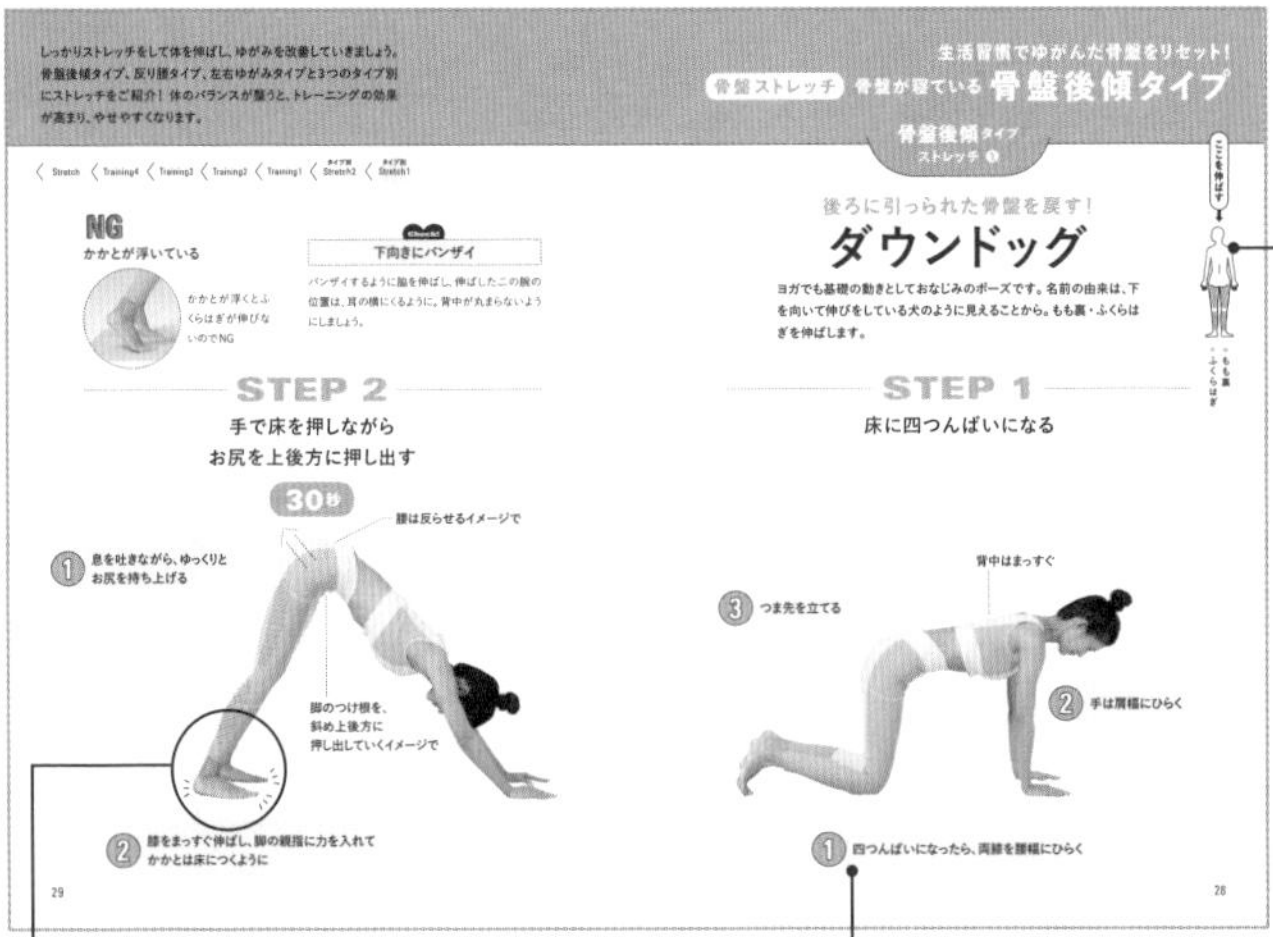

伸ばす場所をイメージ

ストレッチの動きのなかで伸ばす部位を表示しています。

固定して動かさずに力を入れる場所

ストレッチの動きの中で力を入れて固定する部位を表示しています。

①、②、③の順番に

動作は①、②、③の数字の順に行ってください。

美尻トレーニング

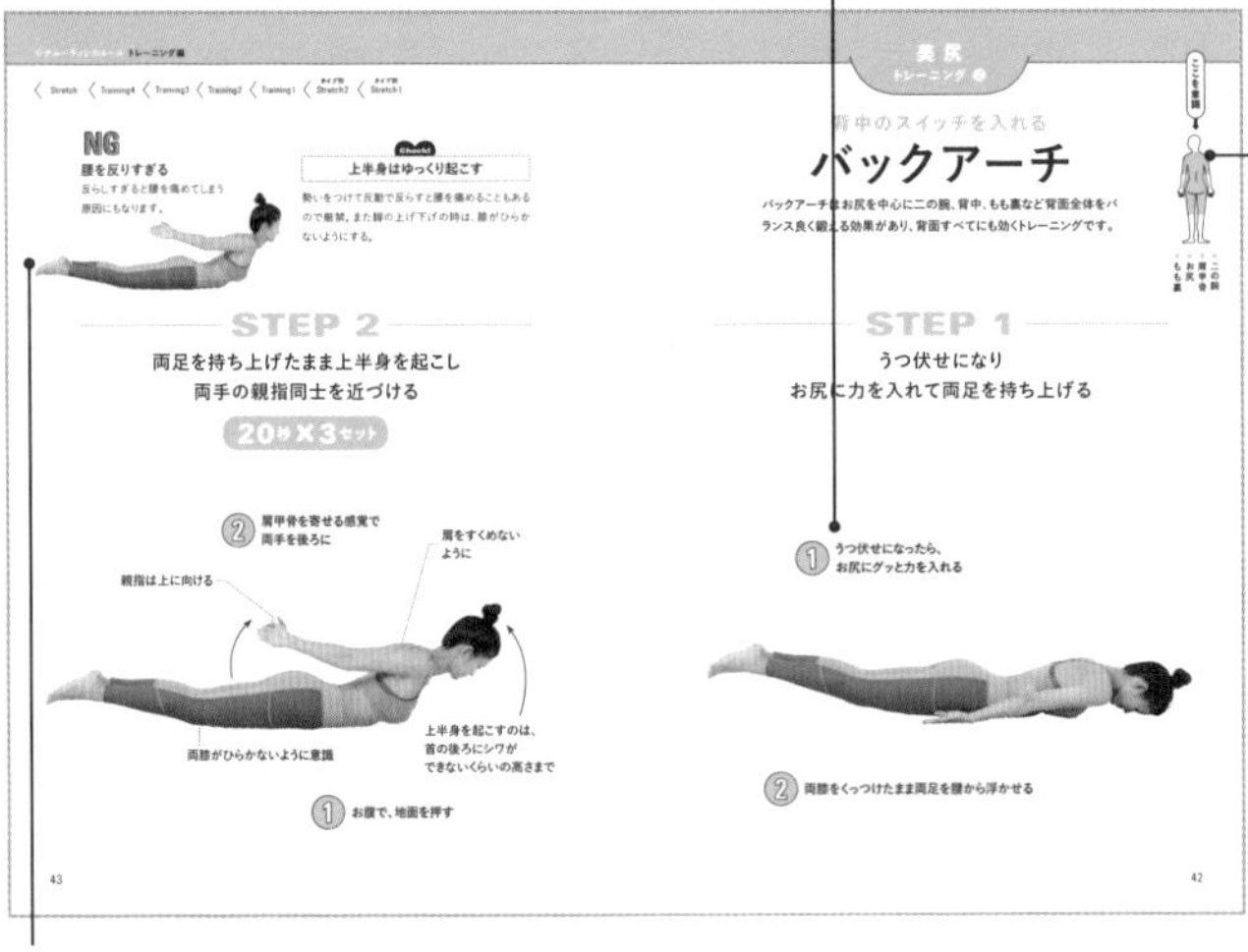

意識する場所

トレーニングの動きの中で意識して力を入れる部位を表示しています。

NGポイント

効かせたい筋肉に負荷がかからないNGな動き。フォームはここでチェック。

PART 1

やせルーティンのルール

トレーニング編

Yase Routine

お尻を鍛える＝ダイエットへの近道!!

なぜならお尻は体で一番大きな筋肉だから。そして、生活習慣で傾いた骨盤を、「骨盤ストレッチ」でニュートラルにして、正しいフォームで美尻トレーニングをしましょう。オリジナルプログラムで目指すは、ヒップアップ&ダイエット!

やせルーティンの
トレーニング
1
Yase Routine

日常生活のクセで傾いた骨盤は骨盤ストレッチで解消！

いくら運動しても、やせない……と悩む女子は多いもの。特に下半身はやせにくく、大きなお尻、隙間のない太もも……もう諦めるしかないのかと投げやりになってしまう気持ちもわかります。でも、ちょっと待ってください！　あなたがやせない原因は〝骨盤の傾き〟かもしれません！

本来、下半身に正しく筋肉がつき、動かせていれば、ほとんどの人はやせないという状態にはなりません。しかし、骨盤が傾いていると、下半身の筋肉に負荷がかかりにくく、どんなに運動しても効かせたい部位に効かないので、せっかく運動しても効果は期待できず……。そんな骨盤の傾きは、姿勢の悪さや、座り方、歩き方、座りっぱなしの仕事など、あらゆる生活習慣が原因です。やせルーティンでは、そんな骨盤の傾きを〝骨盤ストレッチ〟で整えることで骨盤をニュートラルな状態にし、効かせたい部位に効く効果的なトレーニングにつながるようにプログラムしています。

✓骨盤ストレッチの進め方

P.16～P.19でセルフ診断

傾きタイプ診断

骨盤後傾タイプ	反り腰タイプ	左右傾きタイプ
P.28~P.31	P.32~P.35	P.36~P.39

● ダウンドック

● シェルポーズ

● SLR

● コブラ

● ゲコポーズ

● クロスオーバー

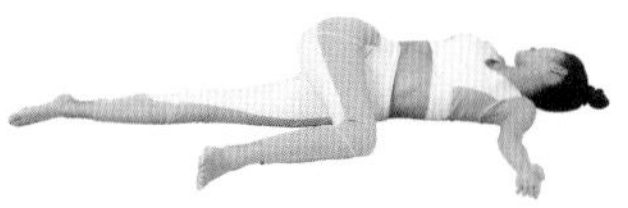

やせルーティンの
トレーニング
2
Yase Routine

美尻トレーニングで効率的にダイエット

女性の年齢は後ろ姿に出ると言われるほど、背面、とくにお尻は女性にとって自信のバロメーターにもなる重要なパーツです。

そんなお尻を鍛える美尻トレーニングは、骨盤底筋や背面、太ももや腹筋など女性が引き締めたいと思う部位も同時に鍛えられて効率的。また、トレーニングにより細胞中のミトコンドリアが活性化し、エネルギー代謝がよくなりやせやすい体になります。

さらにお尻を鍛えてヒップアップすると、なんと脚が長く見えるというとんでもないメリットが！　やせルーティンでは、そんなメリットたくさんのお尻を、オリジナルプログラムで鍛えます。しかもＢＯＳＴＹに通う有名モデルや女優も、同じトレーニングをしているという、なんとも効果が期待できそうな種目は、前頁の骨盤ストレッチと合わせても5分とかからない簡単なもの。簡単かつ、変化を実感しやすいプログラムになっているので、今日からお尻スイッチを入れてダイエットにトライしてみましょう！

✓美尻トレーニングの進め方

骨盤後傾タイプ　**反り腰タイプ**　**左右傾きタイプ**

骨盤ストレッチで傾きをニュートラルに

美尻トレーニング＆美尻ストレッチ
P.40~P.49

● タオルスクィーズ

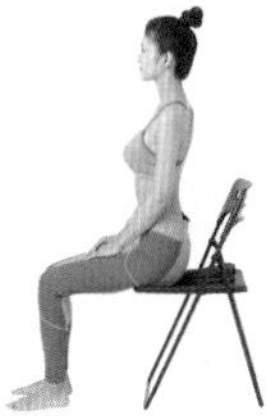

● バックアーチ

● ヒップタッチ

● ヒップリフト

● フィギアフォー

ながら「美尻トレーニング」で、どこでもトレーニング

P.50~P.53

もっと効果を高めたい人は、ぜひ「ながら美尻トレーニング」を！ 家でも、会社でも、電車の中でも、どこでもでいつでもできるトレーニングを紹介しています。日常のすきま時間を有効活用して、美尻効果を高めましょう♪

骨盤後傾タイプ
ストレッチ ❶

ここを伸ばす

●もも裏
●ふくらはぎ

後ろに引っられた骨盤を戻す!

ダウンドッグ

ヨガでも基礎の動きとしておなじみのポーズです。名前の由来は、下を向いて伸びをしている犬のように見えることから。もも裏・ふくらはぎを伸ばします。

STEP 1

床に四つんばいになる

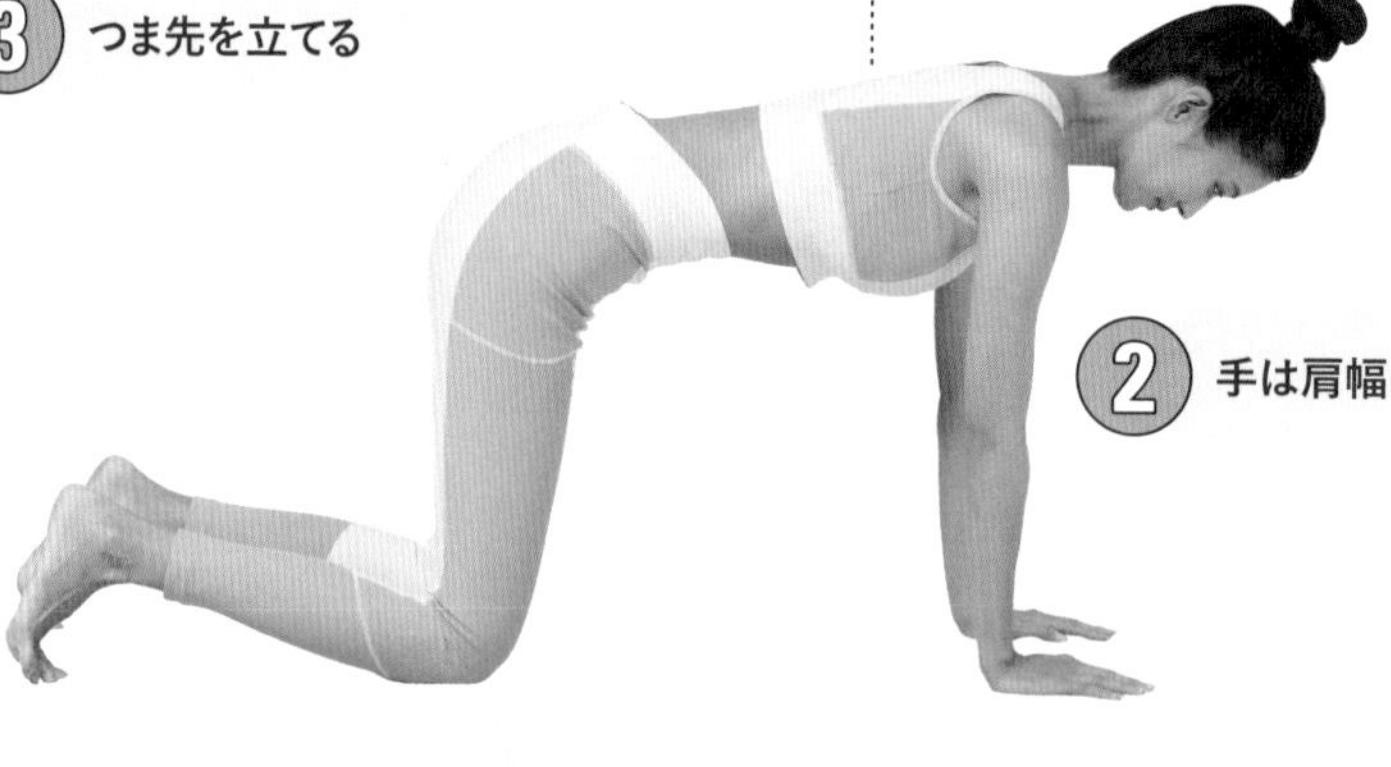
背中はまっすぐ
③ つま先を立てる
② 手は肩幅にひらく
① 四つんばいになったら、両膝を腰幅にひらく

しっかりストレッチをして体を伸ばし、傾きを改善していきましょう。骨盤後傾タイプ、反り腰タイプ、左右傾きタイプと3つのタイプ別にストレッチをご紹介！ 体のバランスが整うと、トレーニングの効果が高まり、やせやすくなります。

NG

かかとが浮いている

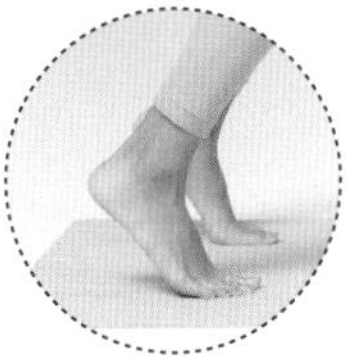

かかとが浮くとふくらはぎが伸びないのでNG

Check!

下向きにバンザイ

バンザイするように脇を伸ばし、伸ばした二の腕の位置は、耳の横にくるように。背中が丸まらないようにしましょう。

STEP 2

手で床を押しながら お尻を上後方に押し出す

30秒

腰は反らせるイメージで
脚のつけ根を、
斜め上後方に
押し出していくイメージで

① **息を吐きながら、ゆっくりとお尻を持ち上げる**

② **膝をまっすぐ伸ばし、脚の親指に力を入れてかかとは床につくように**

骨盤後傾タイプ ストレッチ❷

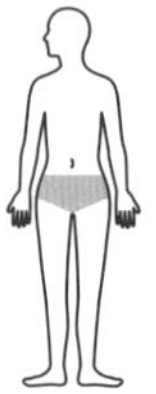

下腹部をしっかり伸ばす

コブラ

コブラが首を持ち上げた姿から着想されたポーズ。うつ伏せから手をついた状態で、ゆっくり上半身を起こし、下腹部をしっかり伸ばします。

STEP 1

うつ伏せになり 肘を床につけて上半身をゆっくり起こす

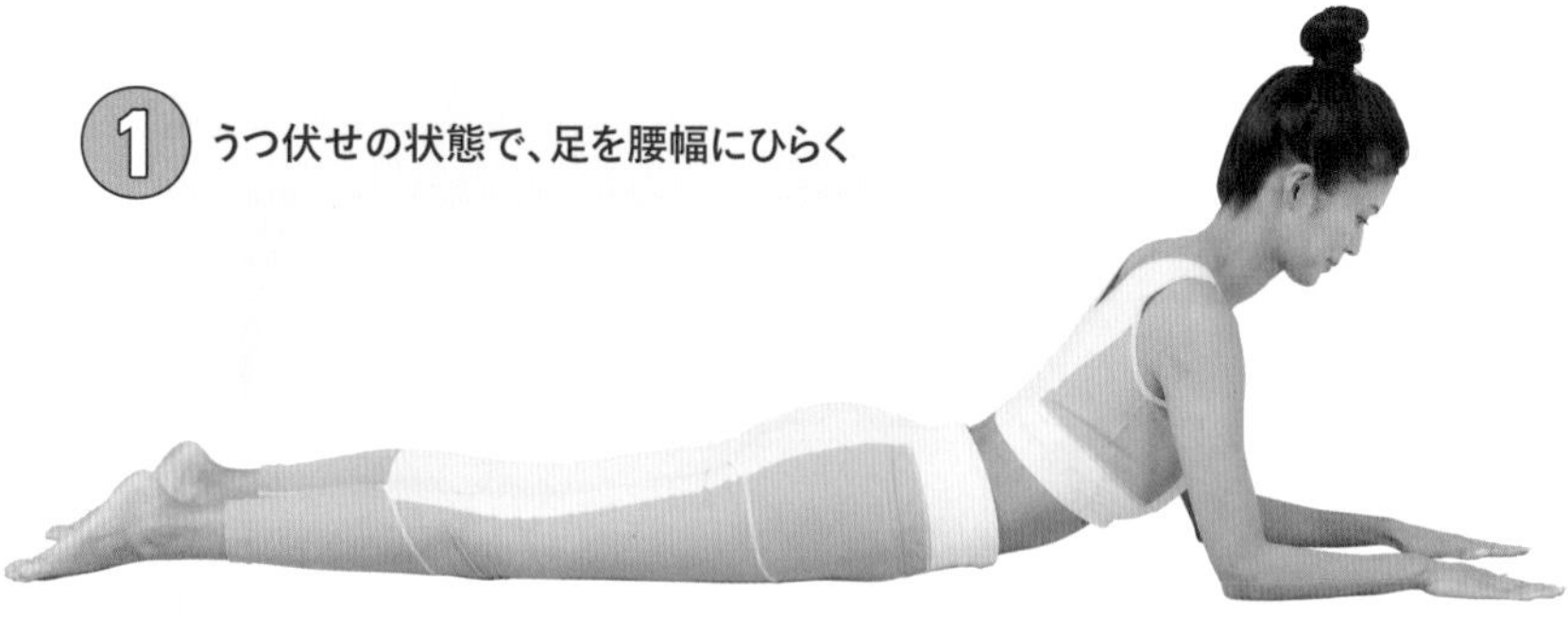

① うつ伏せの状態で、足を腰幅にひらく

② 足の甲を床につける

③ 腕を胸の前に置く

NG

肩がすくむ

肩がすくむ=上半身に力が入ってしまっているのでNG

Check!

腰を反らさない

腰が反ってしまうと腰痛の原因にもなり、さらにストレッチの効果もなくなってしまいます。

STEP 2

両手で床を押して上半身を起こし、胸を天井に向かって伸ばすように上半身を起こし、うつ伏せの状態に戻す

30秒

頭は糸で上から引っ張られているような感覚で

目線は少し上に

おへそから胸を天井へ向けるように伸ばす

① 息を吸いながら、両手で床を押して上半身をゆっくり反らす

恥骨が床から離れないように

② 上半身をうつ伏せの状態まで息を吐きながらゆっくり戻す

反り腰タイプ
ストレッチ ❶

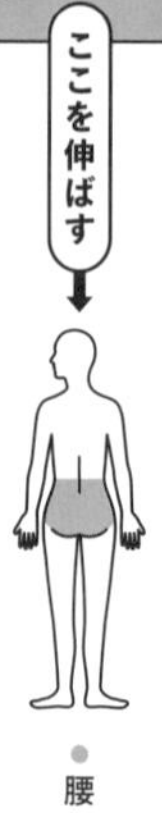
ここを伸ばす
腰

腰を伸ばして柔軟性を高めよう

シェルポーズ

閉じた貝殻のようなポーズをとるストレッチで、お尻の筋肉、股関節を伸ばします。反り腰タイプは腰がガチガチに固くなっているので、伸ばして柔らかくしましょう。

STEP 1

床に座り、膝を開いて
足の裏同士をくっつける

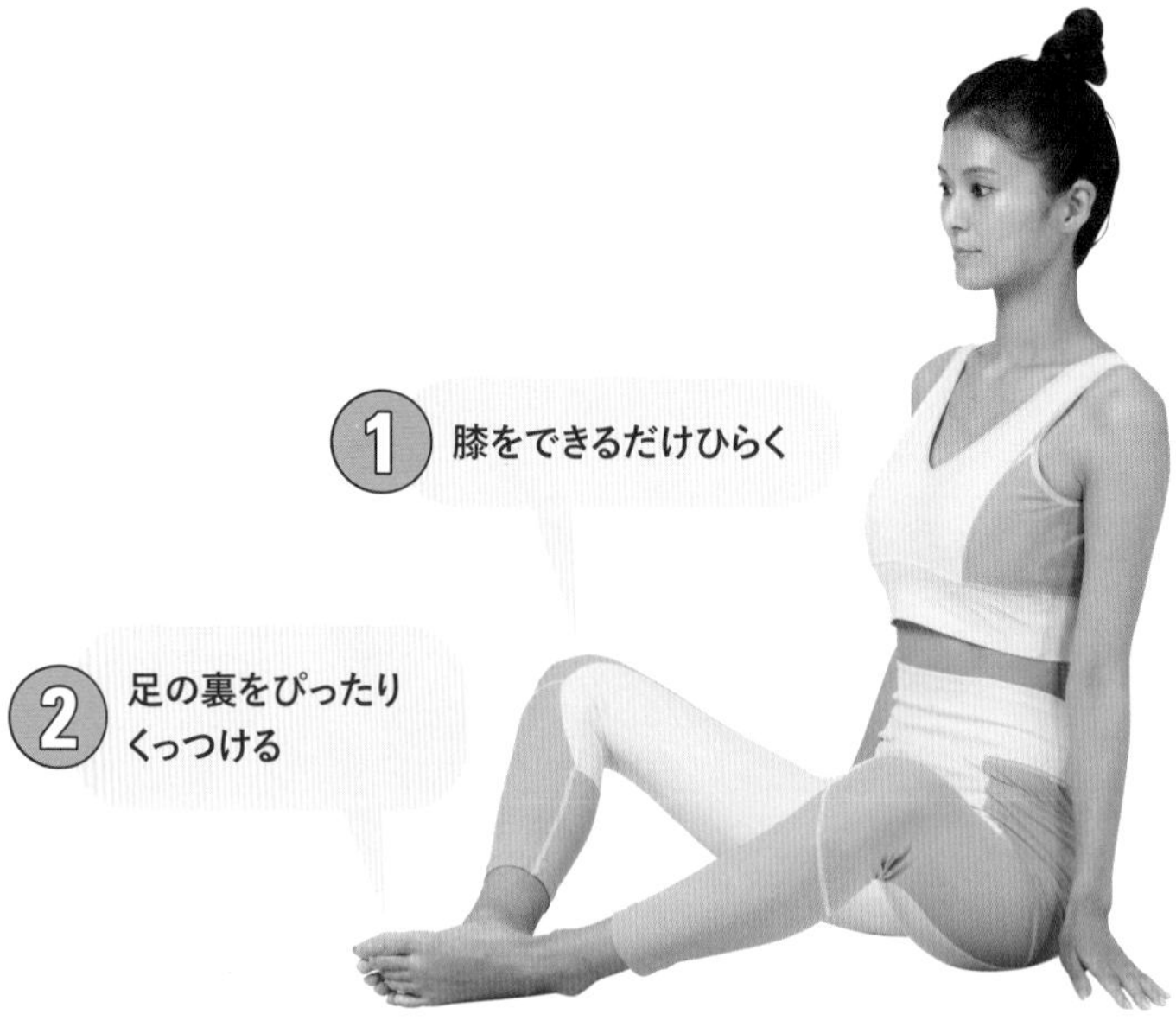
1 膝をできるだけひらく
2 足の裏をぴったりくっつける

骨盤が前傾している反り腰タイプの骨盤ストレッチです。おなかと腰のバランスが崩れてしまっているので、腰痛の原因にも。このタイミングでしっかり骨盤をニュートラルにしましょう。

NG

かかととお尻が近すぎる

かかととお尻が近いと、内もものストレッチになってしまうのでNG

Check!

貝になったつもりで

貝殻が口を閉じている様子をイメージして、ググッと上半身が丸まるように。

STEP 2

上半身をゆっくり前に倒し、膝の後ろから手を通す

30秒

① 腹筋をつぶすようなイメージで上半身を倒す

② 膝の内から両手を通し、肘の裏と膝がくっつくように

できるだけ背中を丸めて、腰を伸ばす

頭はつま先へ引っ張られるように

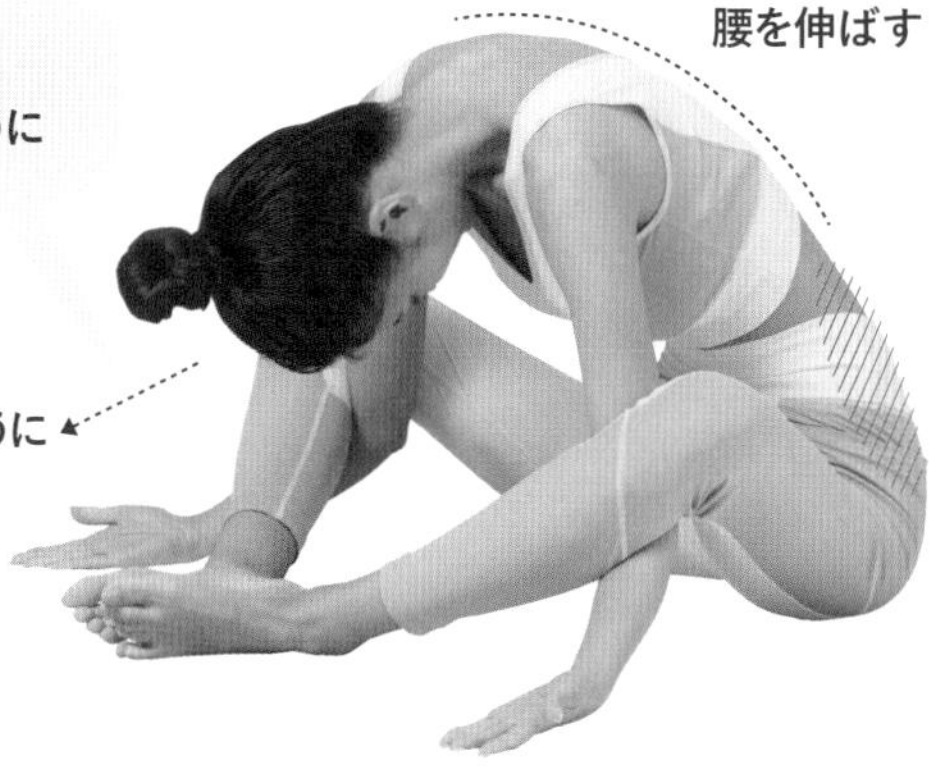

反り腰タイプ
ストレッチ❷

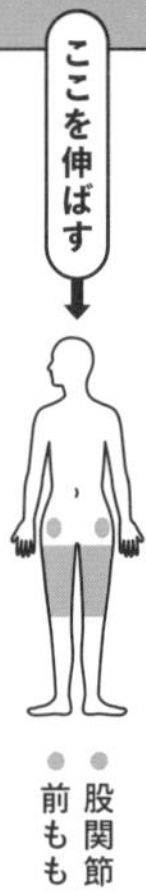
ここを伸ばす
股関節
前もも

後ろに伸ばした脚はトカゲの尻尾

ゲコポーズ

トカゲの姿から着想されたポーズで、股関節と前ももを伸ばします。体重をしっかり前脚に乗せて体勢を安定させてから、片側ずつゆっくり伸ばすと効果が高まります。

STEP 1

膝立ちになり、
もう片方の脚を後ろに伸ばす

② 前脚に重心を乗せる
① 股関節がしっかり伸びる位置まで後ろ脚を引く
前脚の膝は90°にひらく

NG

腰が反る

腰が反ってしまうと、ストレッチではなく、ただただ重心が移動しているだけなのでNG

Check!

お尻にしっかり力を入れる

後ろ脚の付け根を伸ばし、お尻に力を入れてしっかり骨盤を立てることを意識しましょう。

STEP 2

片手を頭の上にまっすぐに伸ばし、上半身ごと反対側に倒す

左右各30秒

① 角度は真横になるように上半身を倒す

② 股関節から脇下までをしっかり伸ばすように腕をまっすぐ上げる

③ 骨盤を立てて、お尻に力を入れる

生活習慣で傾いた骨盤をリセット!

骨盤ストレッチ 骨盤の傾きがちがう 左右傾きタイプ

左右傾きタイプ ストレッチ ❶

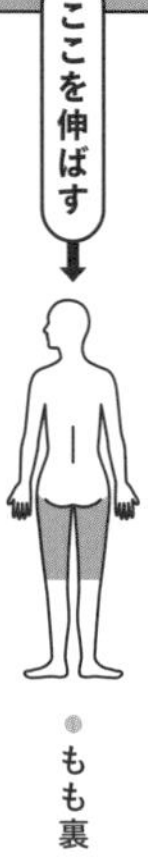

もも裏にしっかりアプローチ

SLR

「Straight Leg Rsing」の略で、脚を持ち上げるストレッチです。脚を組む習慣があると、骨盤がねじれて骨盤に高低差が出てしまいます。例えば右脚が上にくる組み方の人は、骨盤の左側が後傾するので左脚もも裏が硬くなります。左脚もも裏をしっかり伸ばしましょう。

STEP 1

寝そべって片足にタオルをかける

② 両手でタオルの端を持ち、片方の脚のかかとに引っかける

① 体がまっすぐになるように寝そべる

左右傾きタイプの骨盤ストレッチです。傾きはなかなか自分では気付かないものですが、傾きに馴れてしまうとどんどんバランスが崩れてしまうので、このタイミングでしっかり骨盤リセットしましょう。

Check!

脚が浮かないように意識

前ももに力を入れると、膝は伸びます。床に伸ばした脚のかかとが、床から浮かないように注意。

STEP 2

片足にタオルを引っかけた脚をまっすぐ上に伸ばす

左右各30秒

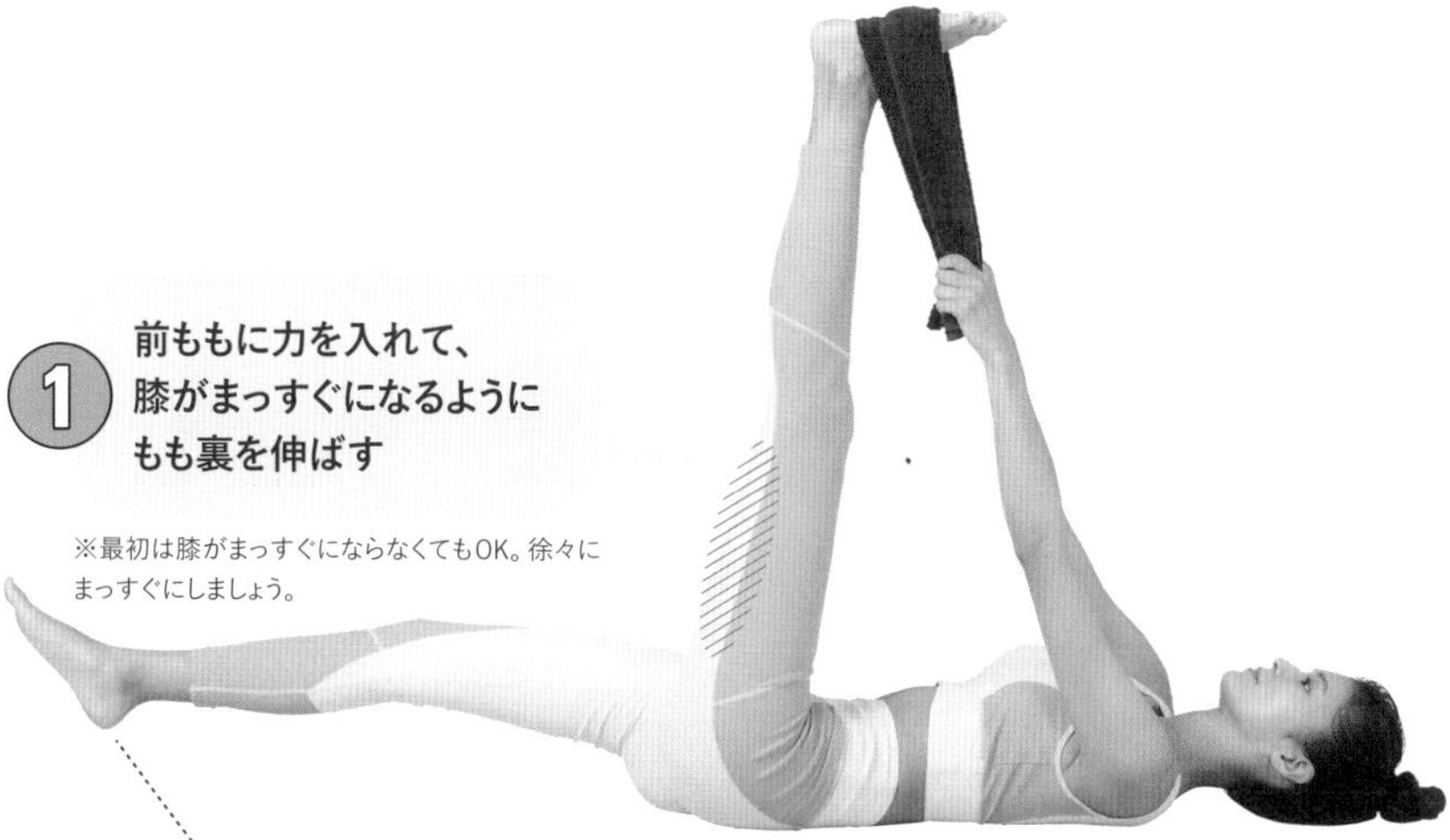

① 前ももに力を入れて、膝がまっすぐになるようにもも裏を伸ばす

※最初は膝がまっすぐにならなくてもOK。徐々にまっすぐにしましょう。

床に置いた片脚は、床から浮かないようにしっかりつける

左右傾きタイプ
ストレッチ ②

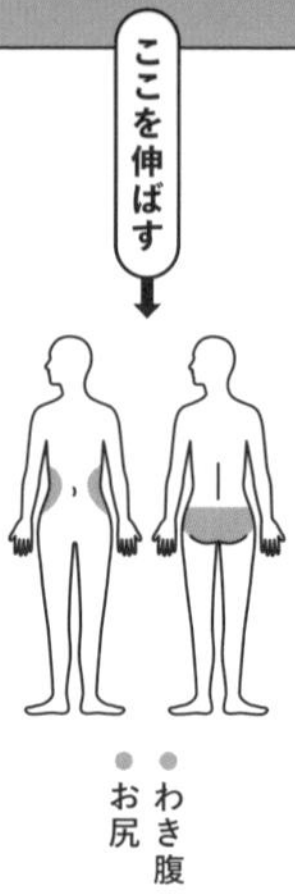

ここを伸ばす
わき腹
お尻

ねじれた体を逆にねじって整えよう

クロスオーバー

あおむけになり、リラックスした状態で、上半身を固定して腰にねじりを加えていくイメージで伸ばすストレッチです。伸ばすことで、左右差の改善に効きます。

STEP 1

あおむけになり、両手を横に広げて両足の膝を立てる

③ 両膝を立て、膝と膝をくっつける
② 胸をひらくようなイメージで両手を左右に伸ばす
① 頭、背中、腰、お尻、脚は一直線になるようにあおむけになる

NG

肩が浮く

肩が浮いてしまう=つられて動いてるだけで効果がないのでNG

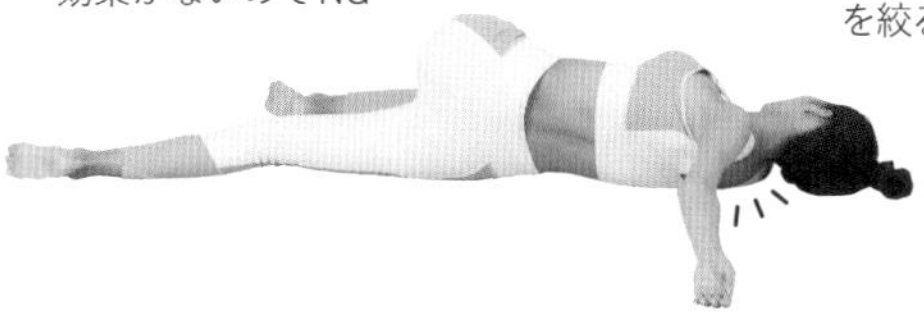

Check!

体が雑巾になったような気分で

上半身が右に向くと、下半身は左に向くので、雑巾を絞るように対角線に引き伸ばしましょう。

STEP 2

片脚をまっすぐ伸ばし 上の脚をさらに奥へ伸ばす

左右各30秒

② 顔は膝を倒した方向とは逆に向けて、両肩は地面につける

① 片側の脚を伸ばし、もう片側の足を倒す

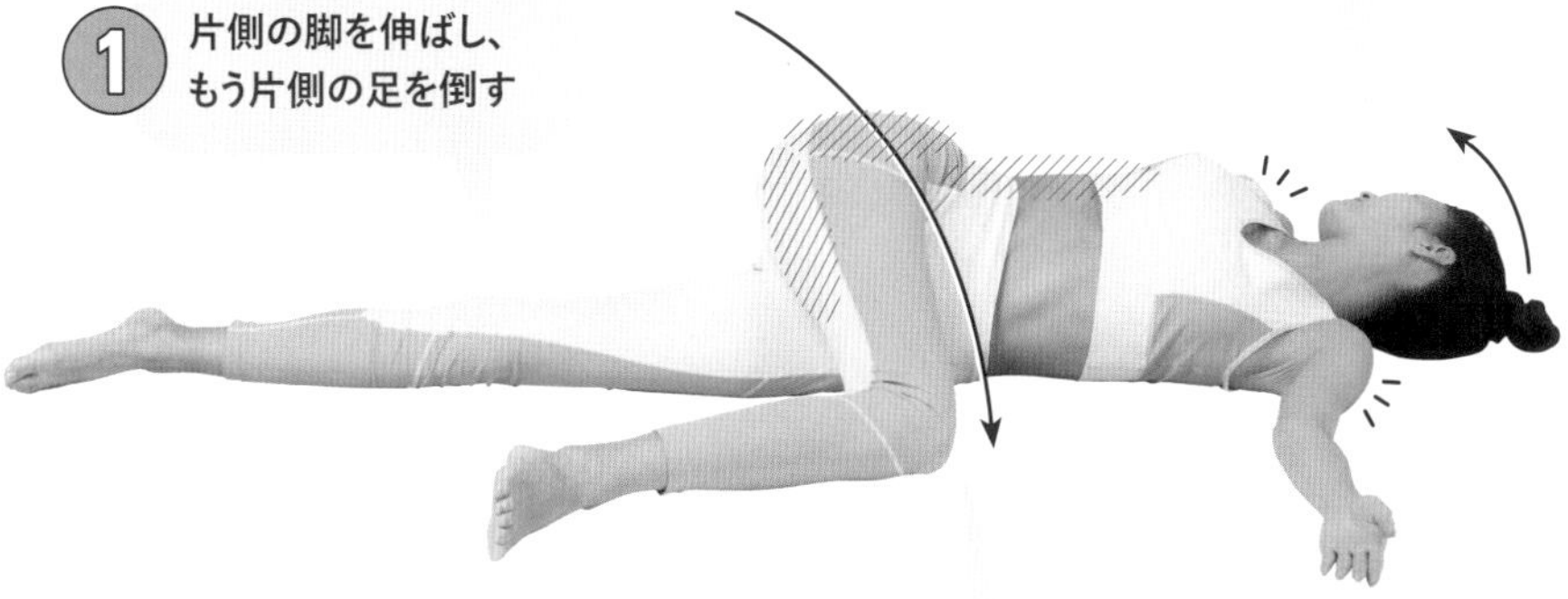

③ 腰をひねる感覚で、曲げた脚をさらに奥に伸ばし、太ももから上半身にかけてねじって伸ばす

骨盤をニュートラルにしたらトレーニングスタート！

骨盤後傾　反り腰　左右傾き
3タイプ共通トレーニング

美尻トレーニング

美尻
トレーニング ❶

まずは、インナーマッスルから活性化

タオルスクィーズ

まずは、お尻の筋肉を目覚めさせます。骨盤は立っている状態がベストですが、無意識のうちに倒れてしまいます。このトレーニングでお尻の筋肉を目覚めさせて、骨盤を立てましょう。

STEP 1

丸めたタオルをイスに置き、その上に座る

① タオルは直径3〜5cmぐらいの筒状に

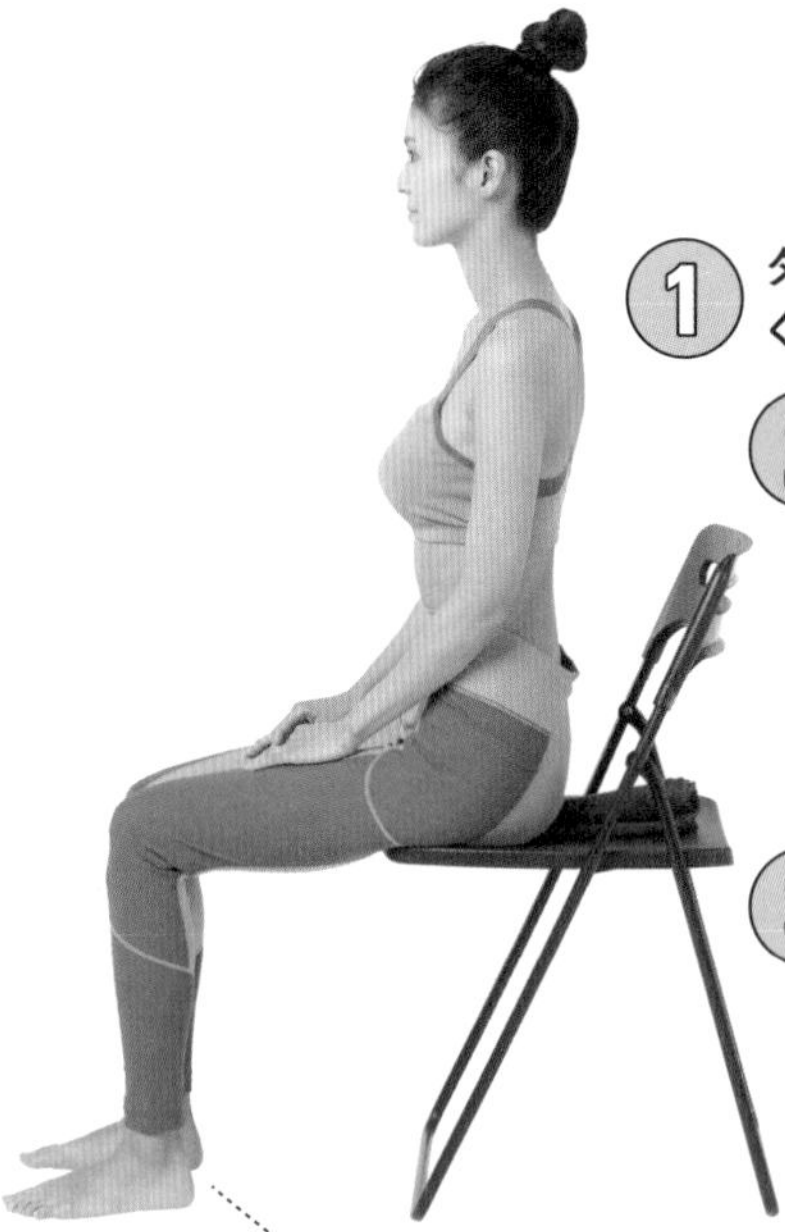

② タオルを恥骨から肛門に当たるように置く

③ タオルをお尻で挟み込むようにして背筋を伸ばして座る

脚がつく高さのイスで！

P28～39の骨盤ストレッチで3タイプとも骨盤のゆがみが整い、骨盤が同じくニュートラルな状態になったので、ここからは3タイプ同じ美尻トレーニングになります。お尻は体の中でも特に大きな筋肉なので代謝が高く、ダイエットに一番効果的なトレーニングです。

Check!

「膣トレ」のイメージで

骨盤底筋を動かす時に、脚が動いてしまうのは、違う筋肉が動いている状態。肛門、膣・尿道にだけ力を入れるのがポイント。

STEP 2

骨盤底筋を意識して
肛門と膣・尿道を締める・緩めるを繰り返す

30秒×2セット

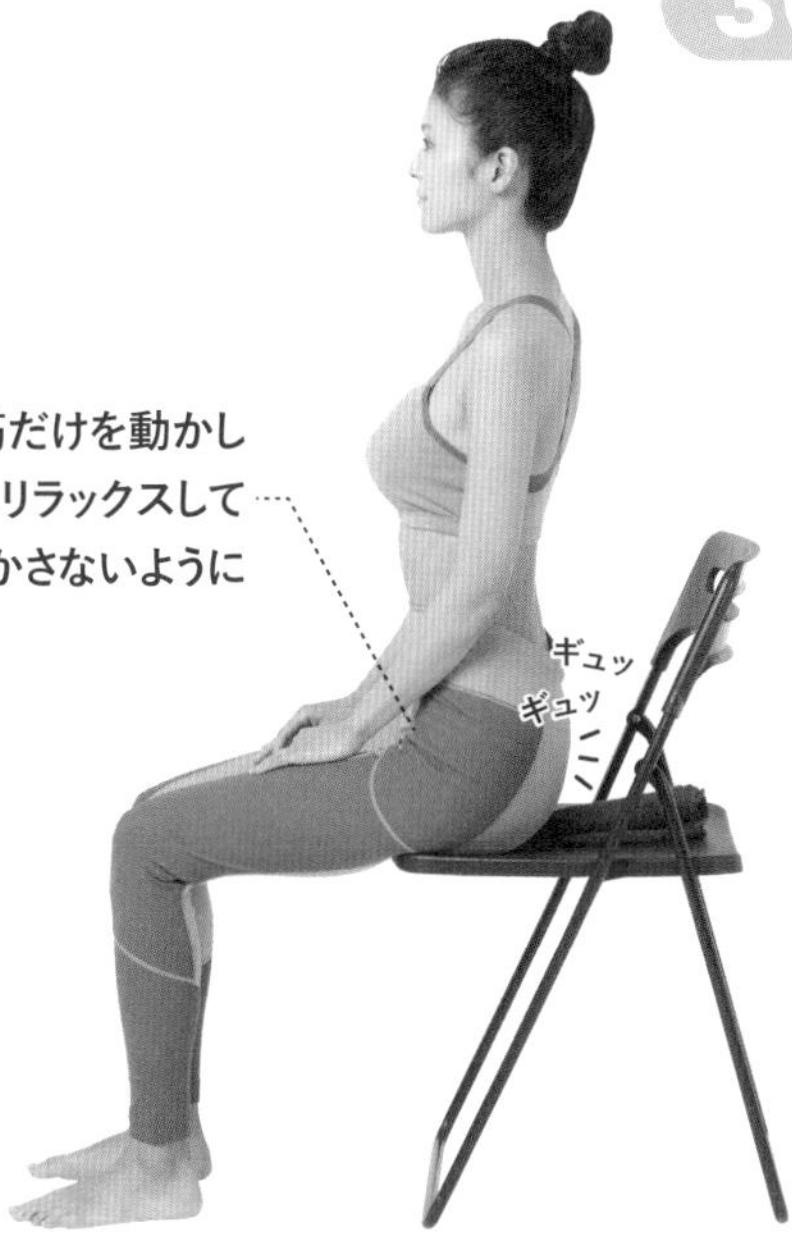

骨盤底筋だけを動かし
他はリラックスして
動かさないように

おならや、尿を途中でギュッと
止めるような
肛門と膣を締める動きで、
肛門と膣・尿道を
締める・緩めるを繰り返す

美尻
トレーニング ❷

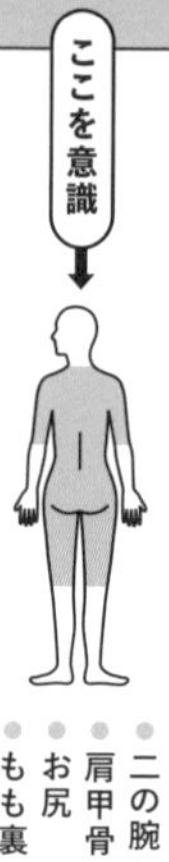

背中のスイッチを入れる

バックアーチ

バックアーチはお尻を中心に二の腕、背中、もも裏など背面全体をバランス良く鍛える効果があり、背面すべてにも効くトレーニングです。

STEP 1

うつ伏せになり
お尻に力を入れて両足を持ち上げる

① うつ伏せになったら、
お尻にグッと力を入れる

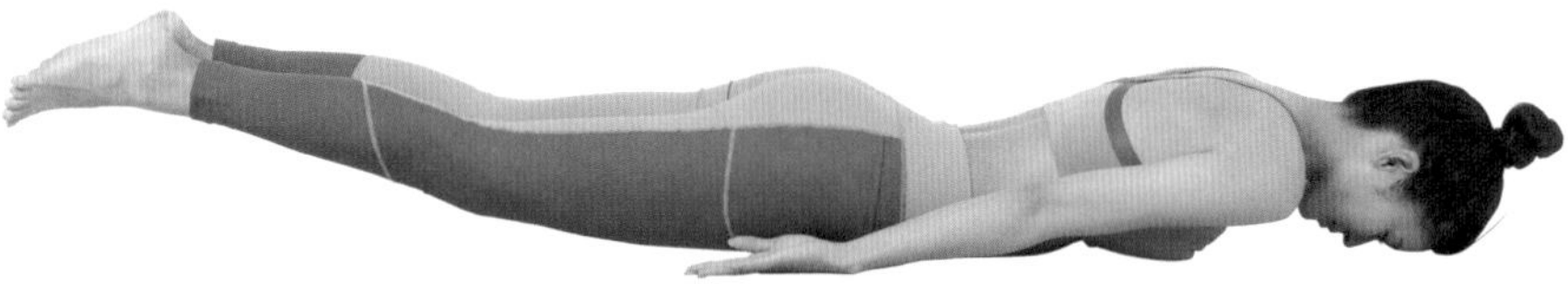

② 両膝をくっつけたまま両足を腰から浮かせる

NG

腰を反りすぎる

反らしすぎると腰を痛めてしまう原因にもなります。

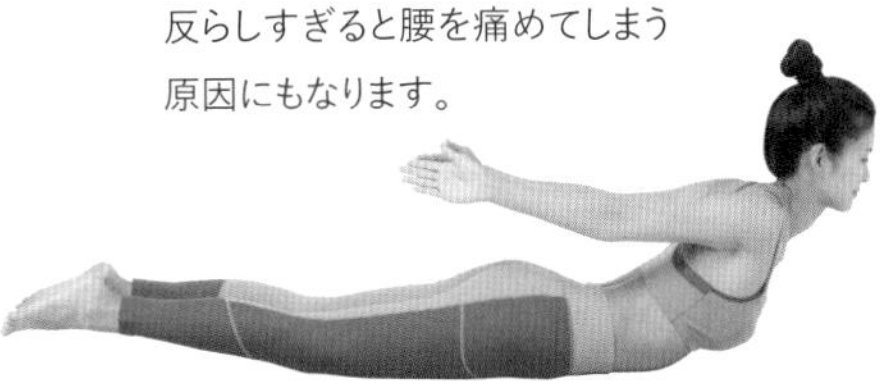

Check!

上半身はゆっくり起こす

勢いをつけて反動で反らすと腰を痛めることもあるので厳禁。また脚の上げ下げの時は、膝がひらかないようにします。

STEP 2

両足を持ち上げたまま上半身を起こし 両手の親指同士を近づける

20秒×3セット

② 肩甲骨を寄せる感覚で両手を後ろに

肩をすくめないように

親指は上に向ける

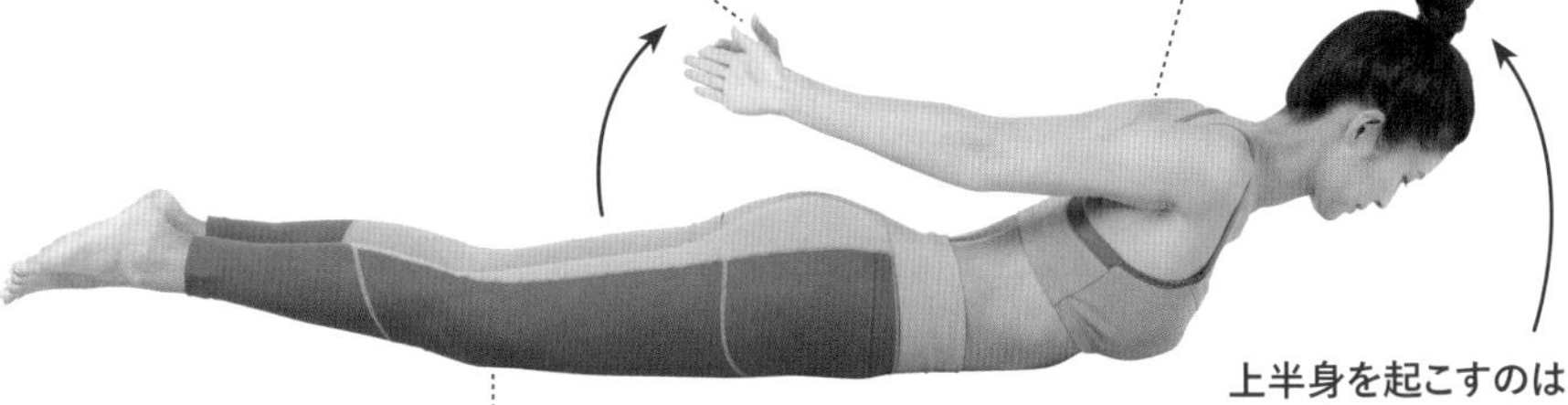

両膝がひらかないように意識

上半身を起こすのは、首の後ろにシワができないくらいの高さまで

① お腹で、地面を押す

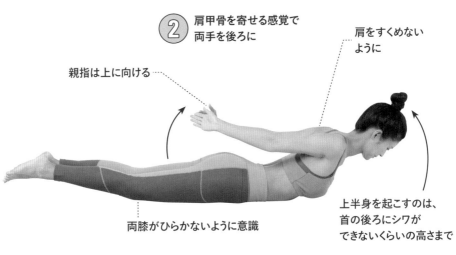

肩甲骨と股関節の使い方をマスターする

ヒップタッチ

お尻にダイレクトに働きかけ、股関節、もも裏などにも効果を発揮！
「壁」に向かってお尻を突き出す、基本の姿勢を身につけましょう。

ここを意識

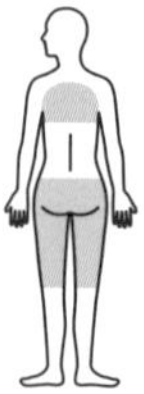

- お尻
- もも裏
- 肩甲骨

STEP 1

脚を肩幅に広げて壁を背にして立つ

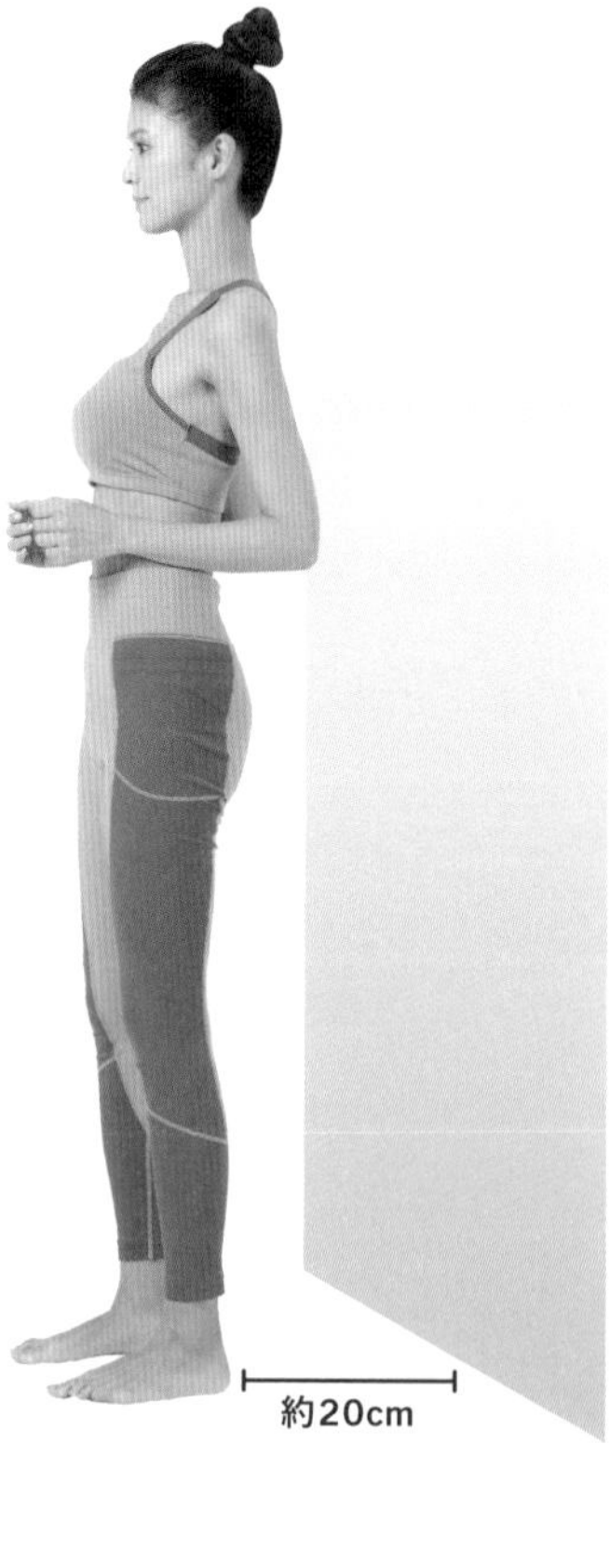

①壁から約20cmほどの距離に
脚を肩幅に広げて立つ

Point
肩甲骨はグッと寄せる

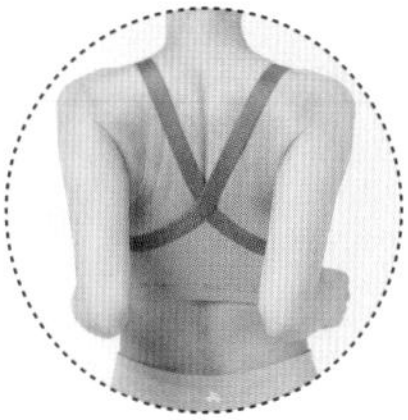

Check!

目線を意識して

目線をやや下向きにすると首に余計な力が入らず、頭の位置が安定します。

STEP 2

壁にお尻がタッチするまで突き出す

20秒×3セット

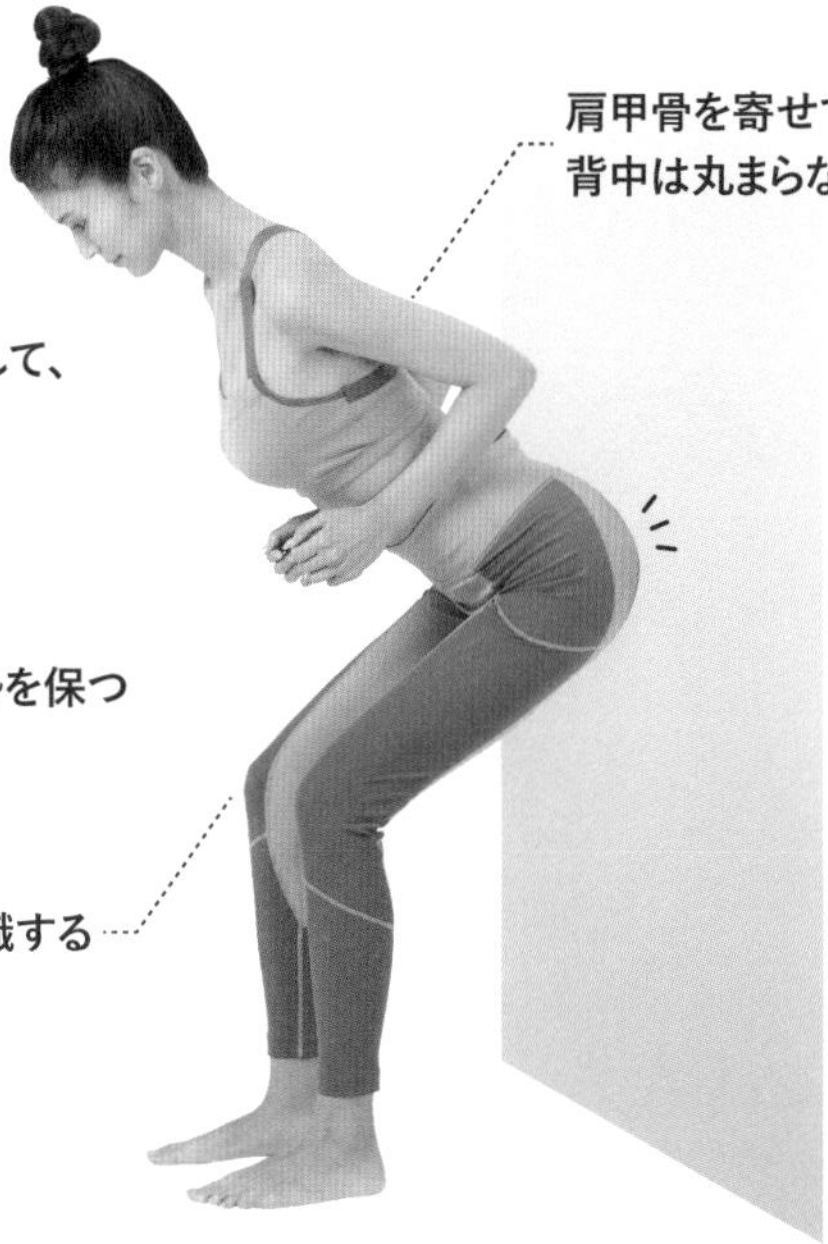

肩甲骨を寄せて
背中は丸まらないように

① 股関節から上半身を倒すようにして、壁に向かってお尻を突き出す

② 背中〜太ももまでが「くの字」になるように姿勢を保つ

膝が前に出ないように意識する

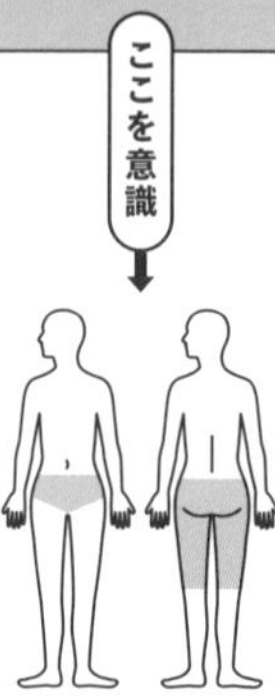
ここを意識
下腹部
お尻
もも裏

下腹部・お尻・もも裏を鍛えて、ヒップアップ！

ヒップリフト

体幹トレーニングとしても人気のヒップリフトは、お尻・腰・下腹部・もも裏を鍛えることができます。簡単なので自己流になりがちですが、正しいフォームをマスターしましょう。

STEP 1

あおむけになり両膝を曲げる

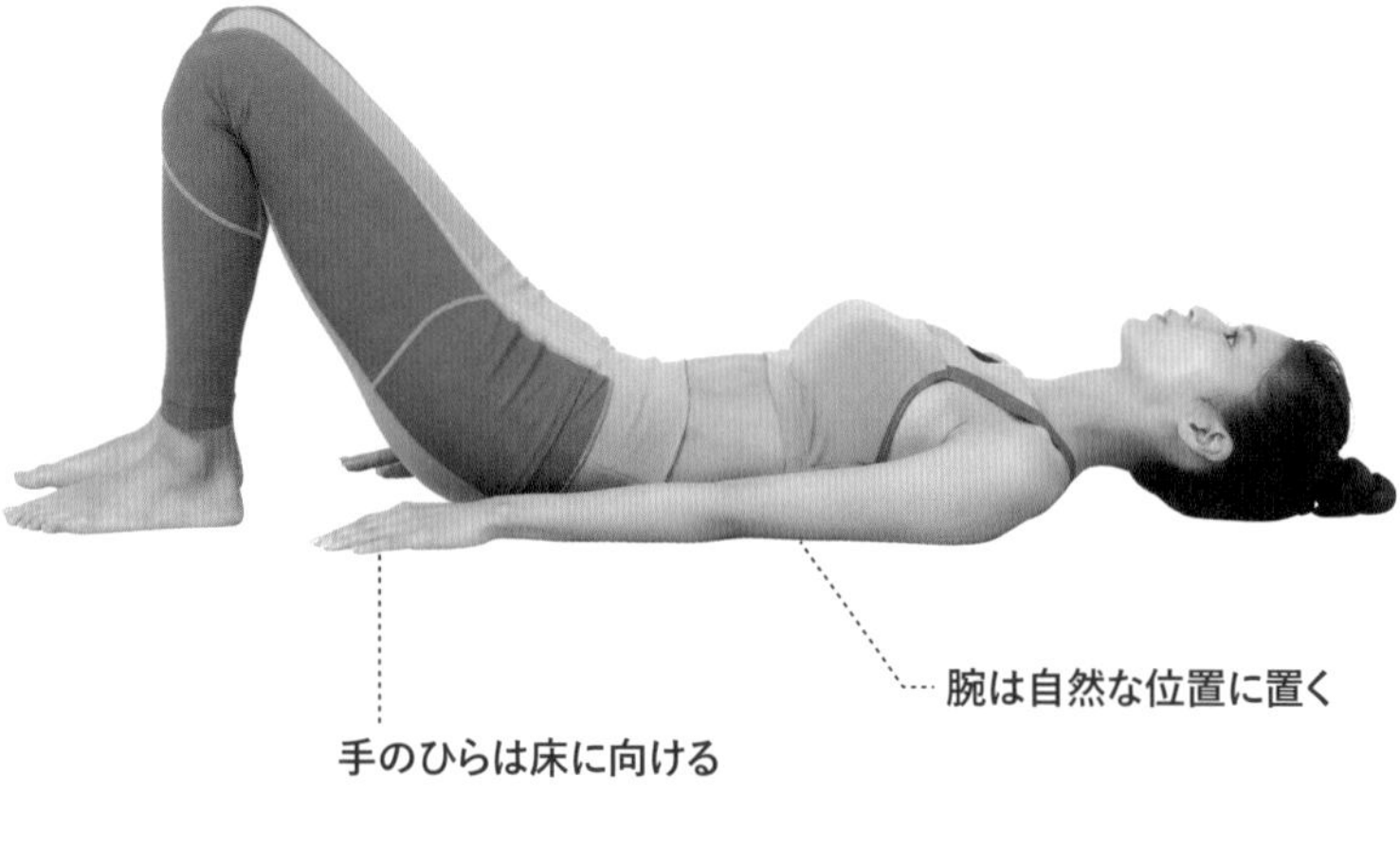
腕は自然な位置に置く
手のひらは床に向ける

NG

ブリッジの状態

腰が反っているだけの状態なのでNG

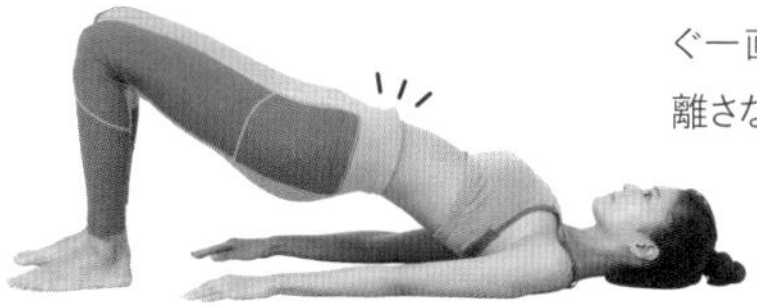

Check!

正しいフォームを意識して！

お尻を持ち上げたときは骨盤から膝までが、まっすぐ一直線になるように。肩甲骨とかかとは、床から離さない。

STEP 2

ゆっくりお尻を持ち上げて ゆっくり下ろす

20回×最後10秒キープ

① 息を吐きながら
骨盤を顔の方に向け、
お尻と、もも裏を締めながら
ゆっくりお尻を上下させる

② 最後は上で10秒キープ

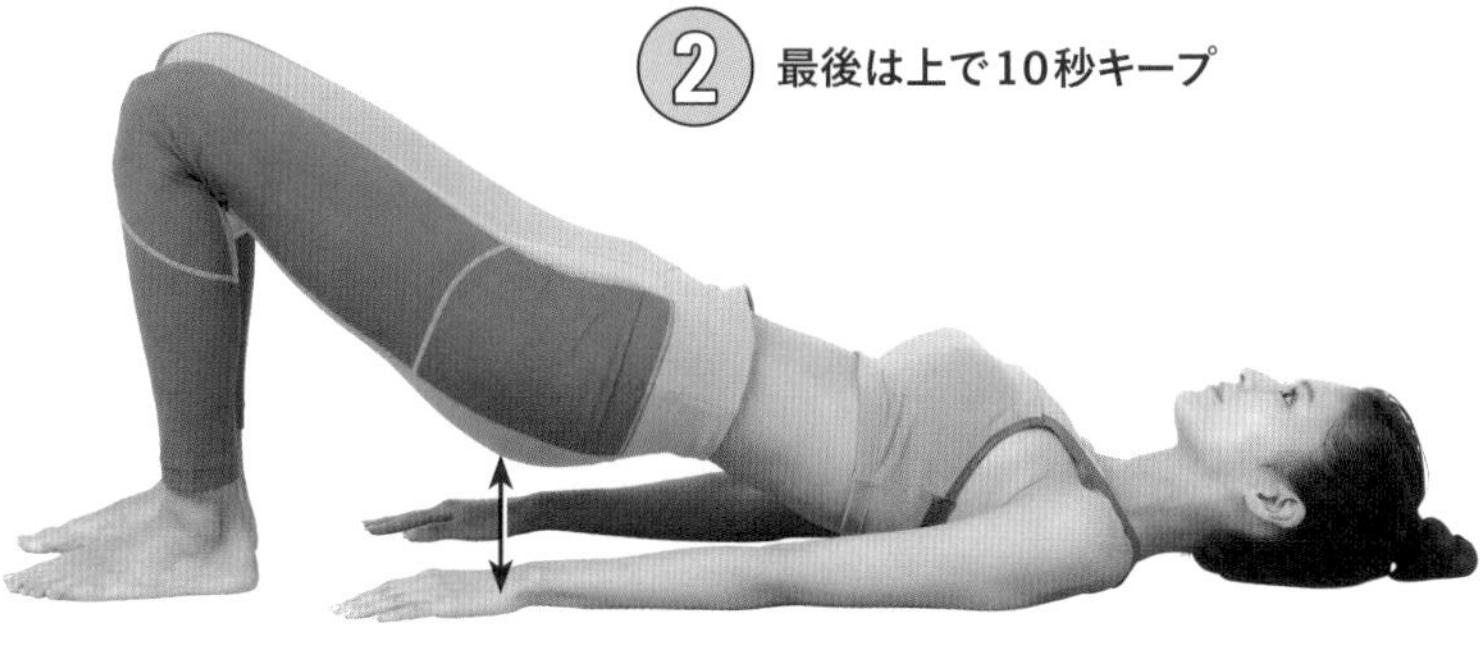

美尻トレの仕上げはストレッチ

フィギアフォー

美尻トレーニングでしっかり筋肉に働きかけたら、最後にストレッチをすることで理想の美尻に近づけます。

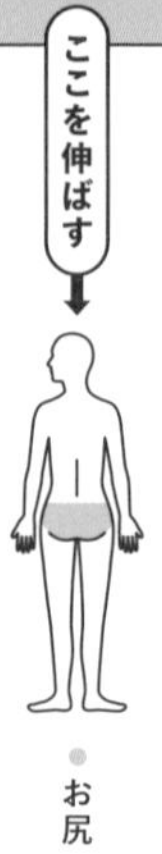

STEP 1

床に座り、片方の膝の上に、
もう一方の脚を置いて4の字を作る

Check!

伸ばす筋肉は“お尻”

息を吐いて、脚と胸の距離をできるだけ近づけるようにし、お尻を伸ばしましょう。

STEP 2

持ち上げた脚の太ももを胸に引きつける

左右各30秒

② 持ち上げた脚の太ももを胸にグッと引きつける

① 脚が乗っている方の膝を立てる

会社でも家でも椅子があればいつでもできる♪

ニーアップ

ここを意識

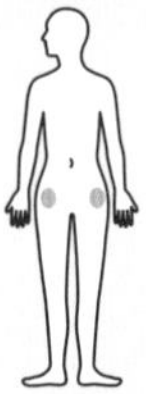

腸腰筋

座ったまま膝を胸の高さまで上げる

左右各20秒

膝が少し
外側に向くように

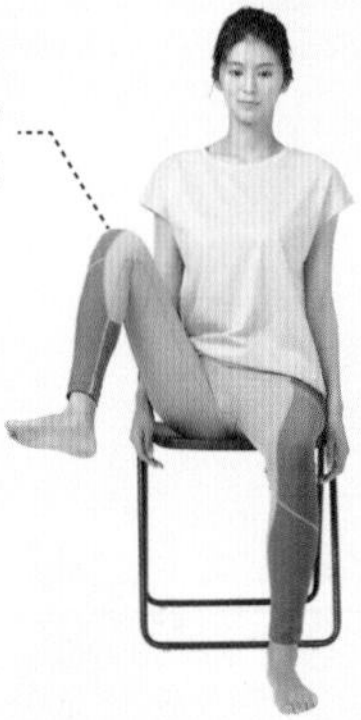

少し外側に向かって上げる

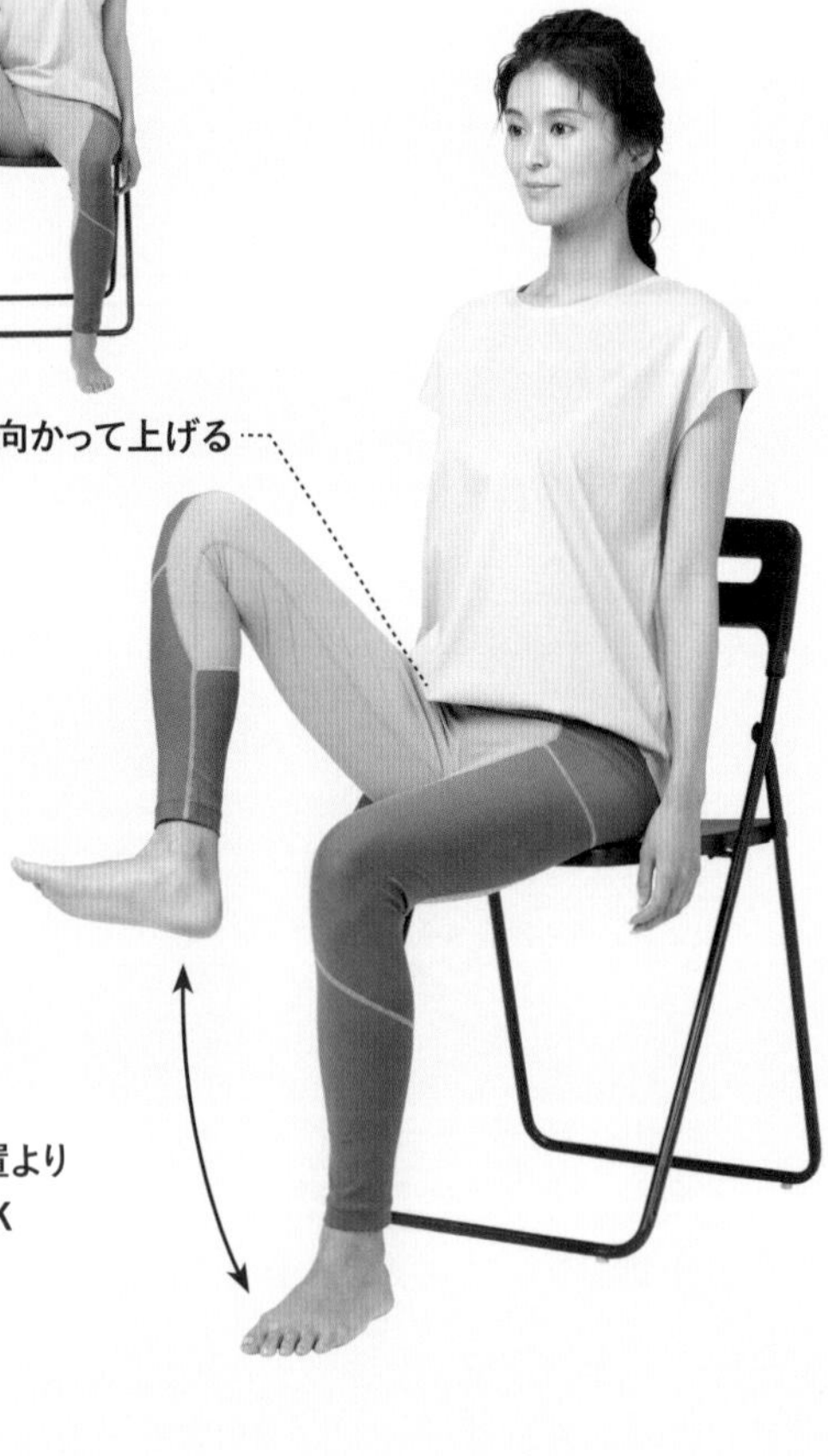

膝が腰の位置より
高くなればOK

ここを意識

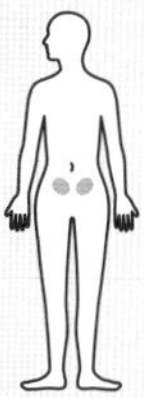

深層外旋六筋

股関節を外に回す動き

エクスターナルローテーション

立ったまま、片脚のかかとを回す

左右各20秒

つま先を軸に
かかとを左右に回す
重心はこちら

骨盤後傾 反り腰 左右傾き

3タイプ共通トレーニング

ながら美尻トレーニング ①

テレビ見ながらトレーニング！

アブダクション

ここを意識

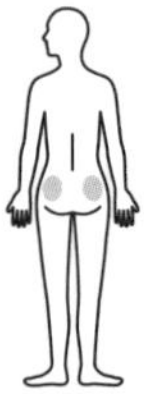

中臀筋

上側の脚を少し後ろに引いてゆっくり上下する

左右各20回

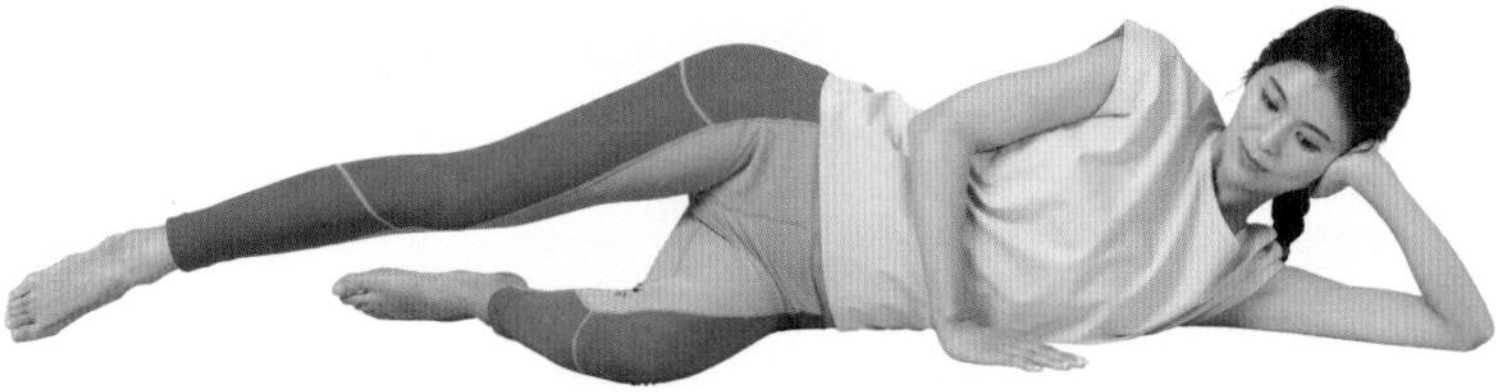

股関節を動かすイメージで
ゆっくり上下させる

つま先は
上を向かない

ここを意識

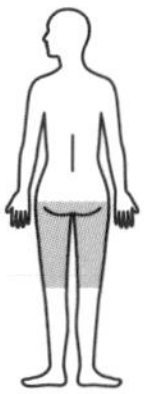

●大臀筋
●もも裏

洗い物しながらでも掃除機かけながらでも♪

ヒップエクステンション

立ったまま片脚をスイングさせる

左右各20回

腰が反らない程度に
スイングする
膝は伸びきらない
前の軸脚が
フラフラしないように

やせルーティンで私たち気づくと、やせてました！

Kさん 40歳

子ども 6歳・3歳
リバウンド歴 4回

高齢出産からの巨大化ボディがみんなに「やせた！」と驚かれる！

ふた周り小さくなったとみんなからやせ方を聞かれる♥

-5.6kg

体重 54.3kg
体脂肪率 33.5%

体重 59.9kg
体脂肪率 36.2%

起床、洗顔のついでにストレッチとトレーニングを組み込む

起床したら、ベッドでストレッチ。その後、ダイニングでタオルスクィーズ&トレ。朝のルーティンにトレを組み込んで、食生活も変えたら、3日目くらいから体のラインが変化！ 見た目が変わるとモチベーションが上がり、自然と続けられました♪

ダイエット試すの大好き！3日坊主&リバウンドでデブ歴＝年齢

食べることが大好きで、ご飯のお残しNGな家庭だったので、やせる事なく成長。朝食抜きや、巻くだけ、置き換えなどのダイエットなどに手を出し、やせるサプリ飲んだり…どれも効果は出ず、3日坊主でした。

Tさん 36歳

子ども 8歳・6歳
リバウンド歴 3回

-5.0キロ！ ずっと行方不明だった“くびれ”も数年ぶりに出現

腰回りの脂肪がなくなってくびれが…！嬉しすぎる！

-5.0kg

体重 40.5kg
体脂肪率 24.5%

体重 45.5kg
体脂肪率 28.9%

しっかり食べて間食もしたのにするするやせて嬉しい驚き

主食は玄米を食べていいし、甘い果物もOKだから、我慢って感覚もなし!トレも簡単で短時間だからすぐにルーティン化成功。なのに、こんなにやせてびっくり！ 肌荒れも解消して、お高い化粧品も不要になって一石三鳥!!

人生で最大の体重になり顔もパンパンに…

20代に糖質制限でやせた経験から、リバウンド⇄糖質制限の繰り返し。加齢で一気に体重が加重したうえに、糖質制限しても運動してもやせなくなり……娘の卒園式に着られる服がなくなり苦肉の策で、着物という事態に。

PART2

やせルーティンのルール

食事編

Yase Routine

短期間だけ厳しい食事制限をしても、食事に対する意識が変わっていなくてダイエット前と同じ食事をしてしまったら、リバウンド必須。PART2では、もうひとつの大事なルールである「食事」について解説します。体は食べたもので作られていくので、「これを食べたら健康になるかな?」、「これを食べたら綺麗になるかな?」という基準で食材やメニューを選ぶ習慣を身につけましょう!

やせルーティンクイズ

Quiz

AとBどちらが
やせる朝ごはんでしょうか!?

献立

A

- トースト&マーガリン
- ヨーグルト
- ハムエッグ・ソーセージ
- カフェオレ
- ごまドレをかけた野菜サラダ

朝ごはんは、ダイエットするうえでエネルギー代謝に関わる重要な要素。やせルーティンでは、カロリー計算などはしないのですが、それは“食べてやせる食事”だから。食事にどんなメニューをチョイスするかがダイエット成功の大切な鍵なのです。献立のAとBを見比べて、どちらがやせやすい朝食かを考えてみてください！

献立 B

- 玄米ご飯
- 果物
- 枝豆・じゃこ
- アマニ油たっぷりのブロッコリー
- ハイビスカスティー

答え合わせ

正解はB。朝食は大事な栄養素を取り込むタイミングなので、メニュー選びが重要です。

正解は

献立

B

献立Bの果物は果糖があるので太りやすい、と敬遠される人も多いのですが、実はまったく逆。そもそも糖質を含む炭水化物は“量”ではなく、“質”を考えて摂取することが大事。だから、糖質制限は体のためにもNGです。全粒穀物・緑黄色野菜・果物・オメガ3の油(P.73)・植物性タンパク質などの良質な食材を積極的に取りましょう。

献立

A

献立Aは、よくある理想的な朝食に見えますね。でも、「栄養がある!」「体にいい!」と習慣的に食べていても、実はそうではないものがたくさん紛れています。体のために食べているつもりなのに、実は体によいどころか悪いものだった時のショックは計り知れません……!

また体重が落ちない原因は、一見健康的な献立Aのようなメニューが定番化しているのが原因なことも。

献立 A

●トースト&マーガリン

実は、パン類は脂質が多くカロリーが高い食材。また、マーガリンは、トランス脂肪酸が含まれているので避けたい食材です。

●ヨーグルト

乳酸菌はOKですが、血液中に悪玉コレステロールを滞らせ、動脈硬化の原因となる飽和脂肪酸を含むので、習慣的に食べているとかなりの量の脂肪分を摂取することに。嗜好品として取る場合は、低脂肪や無脂肪のギリシャヨーグルトを週に1回くらいが◎。

●ハムエッグ・ソーセージ

週に1回くらいならOKですが、腸内環境を考えると毎日食べるのは避けたいもの。

またソーセージなどの加工肉も、飽和脂肪酸を含む避けたい食品です。

●カフェオレ

コーヒー自体にカロリーはないので、ブラックコーヒーならOKです。牛乳で割ると脂肪分が高くなり、おすすめできません。

●ごまドレッシング

野菜自体は低カロリーでも、油を使用したドレッシングは脂質が高く、高カロリーになってしまうことに。ドレッシングのカロリーは見落としがちなので、ノンオイルのものを!

献立 B

●玄米ご飯

栄養価が高く、ビタミン・ミネラル・食物繊維が豊富で腹持ちも◎。

●果物

果物に含まれるカリウムが体内の余分な塩分を排出してくれるので、むくみ解消につながります。

●枝豆・じゃこ

大豆は、畑の肉と呼ばれるほどタンパク質が豊富です。じゃこも高タンパクで栄養豊富な食材です。

●アマニ油たっぷりのブロッコリー

アマニ油には善玉コレステロールを増やす効果や血液中の中性脂肪を減らす効果が。また、ブロッコリーにはビタミンC、食物繊維がたっぷり!

●ハイビスカスティー

ポリフェノールの一種であるアントシアニンや、豊富に含まれるビタミンCが活性酸素から細胞を守り、美肌効果で老化を防ぎます。また老廃物を排出するカリウムでむくみ改善にも◎。

やせルーティンの
食事
1
Yase Routine

我慢し過ぎるダイエットは そもそも リバウンドの始まり

やせルーティンの食事は和食を中心とした健康的な食生活が基本で、〝糖質制限〟や〝○○だけを食べる〟、〝カロリー制限〟などの無理な食事の制限はしません。やせるために一番大切なのは栄養のある食事。人間の3大欲求の一つである食事を我慢をすると、かなりのストレスになりますし、偏った栄養バランスや間違った食材選びでは、代謝が落ちてやせにくくなり、健康も害してしまいます。

食事制限の中でも、お米をはじめとする糖質を抜く〝糖質制限〟が増えていますが、これまで何十年も主食にお米を食べる生活をしてきた日本人にとっては、一番つらい不向きな食事制限だと言えます。つらいダイエットは反動でドカ食いしてしまうので、リバウンドの始まりなのです。やせルーティンは〝一生無理なく続けられるもの〟。短期的に考えず、栄養のある食生活を送りながらキレイにやせる、その結果、美しく健康的なやせた体を手に入れることを理想としています。

✓やせルーティンの食事8ルール

Check!

調味料にも要注意

ダイエット中の意外な落とし穴が、調味料。調味料だから大丈夫と思っていると、糖質や脂質を多く摂取してしまっていた! なんてことも……。代表的なものはマヨネーズとケチャップ。マヨネーズの主材料は卵と油なので、高カロリーな調味料。ケチャップも、実は糖分が高く避けてほしい調味料。

やせルーティンの
食事
2

Yase Routine

炭水化物は〝抜く〟じゃなく〝選ぶ〟
良質な炭水化物を選びましょう

リバウンド必至なダイエットの一つに、お米をはじめとする糖質を摂取しない「糖質制限ダイエット」があります。そもそも糖質とは、エネルギー産生栄養素である炭水化物の一部です。生きていく上で必要なエネルギー源なので、これを制限すれば一時的にやせることはできますが、健康的とは言い難く、また反動から食べ過ぎてしまいリバウンド率も高い危険なダイエットなのです。

やせルーティンでも白米は控えてほしい食材ですが、その理由は糖質を制限したいからではなく〝良質な炭水化物〟ではないから。その代わりに〝良質な炭水化物〟である玄米やオートミール、大麦などの全粒穀物を積極的に食べてほしいのです（P・64）。炭水化物＝糖質＋食物繊維。食物繊維が豊富なものが〝やせルーティン〟での〝良質な炭水化物〟です。この〝良質〟が、やせルーティンの食事のポイントで、〝より良質なもの〟を意識することが大切です。

✓炭水化物ランキング

第1位
玄米

家で食べる主食は、玄米かオートミール。外食や会食などでは白米もOKと考えると簡単です。

第2位
オートミール

第3位
そば・大麦

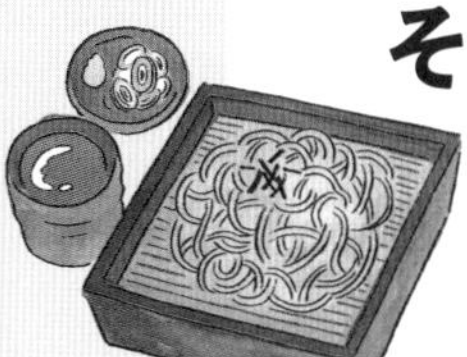

第4位
白米

ワースト2位
小麦粉

ワースト1位
砂糖

Check!

小麦粉製品は避けて！

ワースト2位の小麦粉は、食物繊維がほとんど含まれない炭水化物。

小麦粉を使った食べ物には、グルテンという成分が含まれていて、消化されにくく、いったん腸の粘膜に入り込むと、粘膜が炎症を起こしやすく、体調不良や肥満につながりやすい厄介なもの。また中毒性も強く、ついつい食べ過ぎてしまうのも避けたい理由です。

身近にある小麦粉製品

- うどん
- そうめん
- お好み焼き
- タコ焼き
- ギョーザ
- パン
- ラーメン
- パスタ
- シチューやカレーのルー
- ケーキ
- クッキー
- ビスケット
- ホットケーキ etc

やせルーティンの
食事
3
Yase Routine

主食は、ビタミン・ミネラル・食物繊維たっぷりな全粒穀物を！

やせルーティンでの主食はＰ・62でも紹介しましたが、玄米やオートミール、大麦などの全粒穀物です。白米に比べると、あまりなじみの薄い人が多い全粒穀物ですが、実は食べないなんてもったいない！　と思うほどのスーパーフードなのです。

全粒穀物の代表例として、玄米を例にして白米と比べてみましょう。大きな違いは〝精米〟です。精米とは、玄米からビタミン・ミネラル・食物繊維などの栄養分のある胚芽やぬか層を取り除いて、見た目や食感を良くすること。なので、玄米は、精米した白米より栄養価が高く、ビタミン・ミネラル・食物繊維を豊富に含んでいるのです。

全粒穀物は、白米と比べてカロリーが低いわけではありませんが、食物繊維などの栄養が豊富な〝良質な炭水化物〟。食物繊維は腹持ちが良く、満腹感を感じ食べ過ぎ防止になります。また、食物繊維は腸内細菌の餌になり、腸内細菌を活性化させ、腸内環境を改善し、食欲を抑える働きがあるので、食物繊維こそがダイエットの鍵なのです。

✓美味しい玄米の炊き方

STEP 1 研ぐ

計量カップですり切りにして正確に量る。汚れを落とす感じでサッと2～3回軽く研ぐ。

STEP 2 浸水

玄米の容積1.5倍量の水(玄米1:水1.5)で一晩冷蔵庫で浸す。

STEP 3 炊く

たっぷり水を含んだら土鍋、もしくは炊飯器で炊きます。(玄米炊き機能がある炊飯器は説明書に従ってください。)

STEP 4 保存

炊き上がったら軽くほぐす。余分な水分が抜けたらふっくら美味しくなります。小分けして冷蔵、冷凍保存がおすすめ。

炊飯器の玄米モードでも大丈夫
パックご飯も便利です!

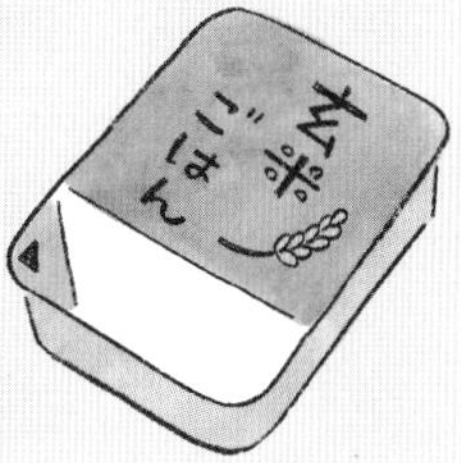

Check!

全粒穀物の美味しい食べ方

玄米は焼きのりでおにぎりにすると、子どもも食べやすくなります。ふやかして食べるオートミールは、お茶漬けや雑炊にするのがお手軽でおすすめ。ポロポロと箸で掴みにくい大麦は、きのこや野菜と一緒にスープにすれば食物繊維もたっぷり取れます♪

やせルーティンの
食事
4
Yase Routine

〝ま・ご・わ・や・さ・し・く〟と〝あ・さ・に・に・じ・と・あ・か・ご（こ）〟

〝太る人〟は〝太る食事をしている〟、これは当たり前の法則なのですが、意外にもどんな食事が太る食事なのかがわかってない人が多いことに驚きます。

一見、体によさそうなチーズやヨーグルトは、実は太る原因である飽和脂肪酸（P・73）を含んだ食品。糖質制限でよしとされている肉も、チーズやヨーグルトと同じように飽和脂肪酸を含んだ食品なのです。では、いったいどんな食材を取ればいいのか。その答えは低カロリーで食物繊維が豊富な〝ま・ご・わ・や・さ・し・く〟を摂取して、太る食事である〝あ・さ・に・に・じ・と・あ・か・ご（こ）〟を避けることです。これは、

〝やせルーティン〟での健康的な食生活を送るための食材をまとめたもので、〝良質な炭水化物〟（P・63）と合わせて取り入れれば誰でも栄養バランスの取れた食べてやせる食生活を送ることができます。このように、食べるものと避けるものを知って選択することで、カロリー計算をしなくてもやせられるのです。

✓食事の基本ルール

OK

低カロリーで食物繊維がたっぷりなので、どれだけ食べてもOK！

ま 豆
- 納豆
- 大豆
- 豆腐
- 小豆
- 黒豆
- 高野豆腐 など

ご ごま
- アーモンド
- ごま
- 落花生
- クルミ
- カボチャの種
- 松の実 など

わ わかめ（海藻類）
- わかめ
- ひじき
- 焼きのり
- 昆布
- もずく など

や 野菜
- ほうれん草
- トマト
- ブロッコリー
- キャベツ
- 小松菜
- モロヘイヤ
- さつまいも など

さ 魚
- メザシ
- アジ
- イワシ
- サバ
- サンマ など

し シイタケ（キノコ類）
- マイタケ
- シイタケ
- シメジ
- ヒラタケ
- ナメコ
- エノキ など

く 果物
- ブルーベリー
- ミカン
- リンゴ
- イチゴ
- アボカド など

NG

あ アルコール
毎日晩酌などは、改善したい習慣。週に1回1杯だけなどたしなむ程度に。

さ 砂糖
依存性の高い甘味料。飲み物や外食には思った以上の量が使われている。

に 乳製品
ヨーグルト、チーズ、牛乳などは動物性で高脂質。嗜好品として、週に1回程度に。

に 肉
肉の油は飽和脂肪酸(P.73)を含むので、食べるのは週1回程度に。

じ ジュース
人工甘味料や糖果糖液糖を含むので控えよう。

と トランス脂肪酸
百害あって一利なし。マーガリンや菓子パンなどに含まれるので要注意。

あ 揚げ物
油のカロリーも摂取するので高カロリー。揚げ油はオメガ6(P.73)であることも。

か 加工肉
ハム、ベーコンなどの加工された肉には多量の保存料や着色料が含まれる。

こ 小麦粉製品
“良質ではない炭水化物”。小麦粉は依存性も高いので控えよう。

やせルーティン

More Rule

食べたいOK魚と避けたいNG魚

やせルーティンでは、“健康的な食生活”を基本ルールとしているのですが、さらに健康になるためのMoreルールとしてこだわった魚の選び方を解説します。

NG

養殖魚

養殖された魚は、天然の魚に比べて有害物質が多く含まれていると言われています。それは養殖される環境によって違いがあり、汚染水や魚のエサなどによって変わります。特に輸入された養殖魚はどのような環境で養殖されたかわからない部分が多いので、できるだけ避けるようにしましょう。

- **ブリ(ハマチ)**
- **サーモン**
- **マグロ**
- **タイ**

OK

青魚

青魚の魚脂にはEPA(エイコサペンタエン酸)やDHA(ドコサヘキサエン酸)と呼ばれる必須脂肪酸が豊富。魚脂は脂質代謝を高め、体重や体脂肪の蓄積を抑える働きがあります。また、血液をサラサラにする効果や、悪玉コレステロールを減らす効果があり、脳血栓や心筋梗塞、動脈硬化などを予防します。やせルーティンの基本ルールの“さ➡魚”は青魚を選ぶと、より健康的な体に近づきます。

- **メザシ**
- **アジ**
- **イワシ**
- **サバ**
- **サンマ**

Check!

魚でも干物やフライはNG！

青魚は体にいい！ と積極的に食べるのはOKですが、どのような調理法で食べるかが鍵。とにかくフライなどの揚げ物はNG! 高カロリーな上、食用油はオメガ6(P.73)の大豆油、米油を使用することが多いのです。また時間がたつと油が酸化するので体にいいことなし。焼き魚やフレッシュなお刺し身で食べるのがおすすめです。

やせルーティン

More Rule

自炊のコツ！ 冷凍保存で楽チン自炊

やせルーティンでは、"健康的な食生活"が基本ルール。自炊がおすすめですが、なかなかハードルが高いもの……。ここではおすすめ自炊ワザとして冷凍保存を紹介します！

冷凍保存のメリット

1 時短

材料を切るだけorそのまま冷凍保存で、下ごしらえの時間が省けて自炊が簡単に！

2 節約

スーパーなどで安売りの時にまとめ買いしておけばお金の節約にもなるし、買い物回数も減るので時間の節約にも♪

3 無駄なし

食べきれない食材も、保存期間が延びて無駄なし！ 冷凍した食材をそのままお鍋にするのも、お手軽でおすすめ！

冷凍おすすめ食材TOP3

第1位 キノコ

シイタケやエリンギ、シメジやナメコなど、キノコ類はカロリーを気にせず食べられるので冷凍保存しておきたい食材。しかも冷凍することでうま味と栄養価がアップという素晴らしい効果も！ほぐして冷凍しておけば、そのままダシと一緒にお鍋に入れたら、キノコスープのできあがり♪

第2位 ブロッコリー

ブロッコリーは小房に切り分けて生のまま冷凍するのが〇。解凍後も水っぽくなりにくく、食感もキープできます。ラップに包み、ジッパー付き保存袋に入れて保存。水をよく切った状態で保存すれば、1カ月ほど持ちます。解凍せず調理できるので便利です♪

第3位 シラス

保存袋の中で薄く板状にして冷凍保存すれば、必要な分だけ折って使えるので便利。冷凍のままご飯にかけても、おにぎりの具や納豆、サラダのトッピングなど何でも使えて万能です。美味しく、手軽に魚が取れるのでとっても便利♪

やせルーティンの
食事
5
Yase Routine

朝に果物を食べて〝むくみ〟を撃退&ビタミンCを補給しよう!

朝に果物を食べるのも、やせルーティンの基本です。果物にはやせルーティンのポイントである、〝食物繊維〟、美肌の鍵である〝ビタミンC〟、そして体の排出機能を助ける効果がある〝カリウム〟が含まれています。〝カリウム〟はミネラルの一つで、過剰摂取した塩分、老廃物などを排出する作用があるので、「むくみの解消」、「高血圧の予防・改善」「利尿作用」などの効果があります。前日に食べた物や飲んだ物をリセットするために、果物を朝食で取ることが一番効果的です。

健康的で体にもよい和食の唯一のデメリットは、塩分が高いこと。和食中心の健康的な食生活なのに、むくんでしまうのは塩分が原因。なので、和食と毎朝の果物の組み合わせは、理にかなった食べ合わせなのです。また、日中のストレスで〝ビタミンC〟が破壊されてしまうので、朝食の果物で〝ビタミンC〟をしっかり補給しておくのもポイントです。

✓ むくみのメカニズム

むくみとは

何らかの原因で、皮膚や皮膚の下に水分が貯まった状態。細胞間液は酸素や栄養分を含んだ水分を動脈から細胞に届けるのが役目。役目を果たした細胞間液が、静脈やリンパ管に回収されにくくなり過剰にたまり、皮膚が膨張を起こしたのが“むくみ”。むくみの原因の一つが「水分不足や、水分・塩分の取りすぎ」。果物に含まれる“カリウム”は過剰な塩分を排出してくれるのでむくみ解消に効果的。

正常な状態

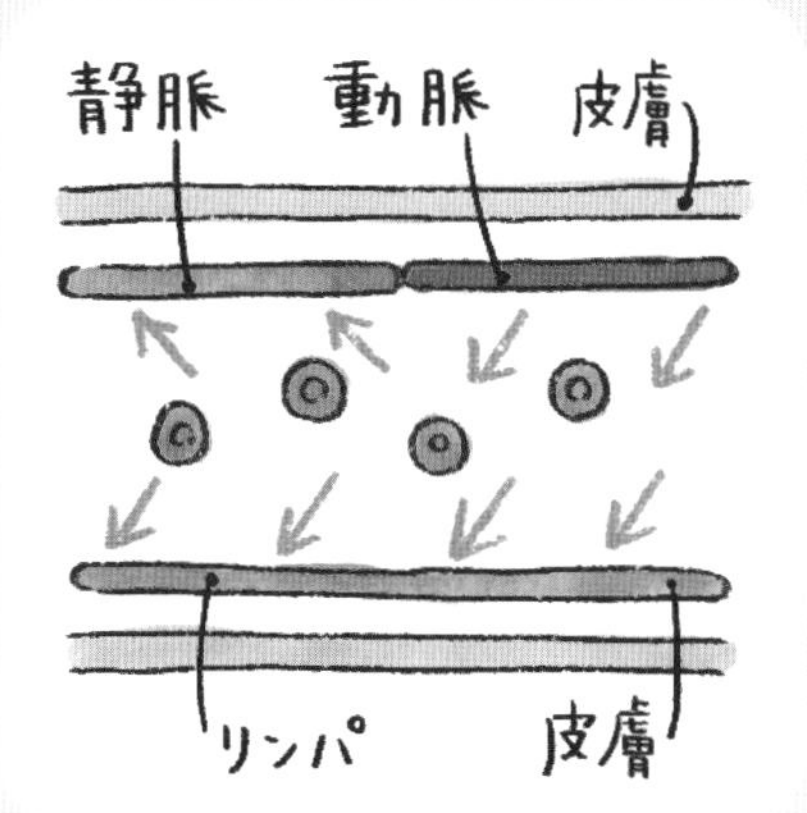

むくんでいる時

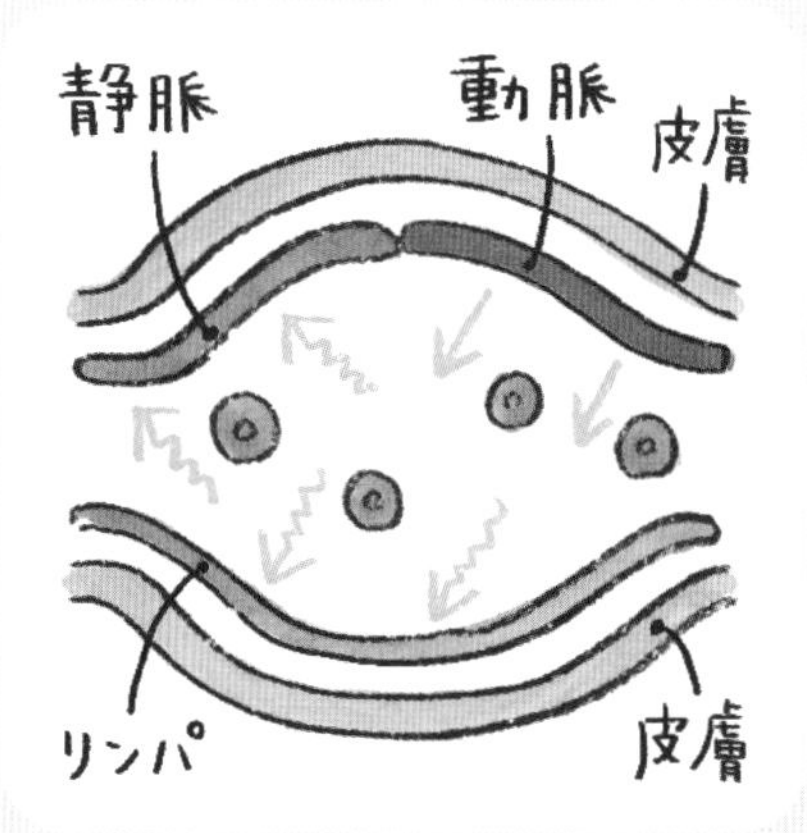

やせルーティンの
食事
6
Yase Routine

アントシアニンと良質の油で 肌も体もアンチエイジング！

ダイエットの大きな落とし穴なのですが、「厳しい食事制限でやせるだけだと、老化を促進させてしまう」ってご存知ですか？　5kgやせてダイエットは成功したけど、老けてしまっては意味がありませんよね。老化の原因は諸説ありますが、主な原因は〝脂質カット〟と〝活性酸素〟です。やせルーティンでは、体内で発生した活性酸素によって細胞が攻撃され、〝酸化〟することで老化が進むと考えるので、この〝活性酸素〟の発生をなるべく抑えることが必要です。運動することにより体内で活性酸素が生じるので、抗酸化作用の高い食材を摂取することが必要不可欠なのです。

- ブルーベリー&ハイビスカスティー（P・85）…アントシアニンという栄養素が豊富で、高い抗酸化作用があります。
- 良質の油…油の過剰摂取はNGですが、摂取しないとカサカサ肌になるので、オメガ3の良質な油を取ることが必要。

✓ OK油とNG油

アマニ油・エゴマ油は、納豆に入れると、臭みを消す効果が！

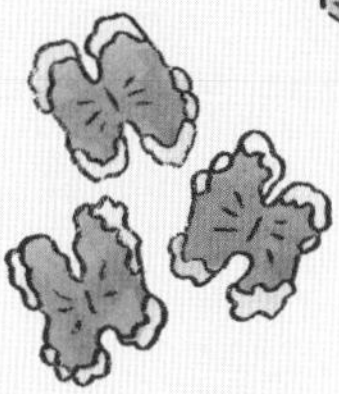

＼積極的に摂取／

OK
オメガ3

アマニ油、エゴマ油、クルミ、シソ、サバやイワシなどの青魚に含まれる。熱に弱く酸化しやすいので、そのままで摂取するのが理想的。

＼ひかえめに摂取／

OK
オメガ9

オリーブオイル、アボカドオイルなど。必須脂肪酸ではなく、体内で生成できる脂肪酸。

＼摂取／

NG
オメガ6
飽和脂肪酸
トランス脂肪酸

● **オメガ6➡**大豆油、米油、コーン油、胡麻油などの植物油。
● **飽和脂肪酸➡**卵黄、肉の脂、チーズ、ヨーグルト、ココナッツオイルなどに含まれる。
● **トランス脂肪酸➡**マーガリン、スナック菓子、菓子パン、インスタントラーメンなど加工食品に使われている。

やせルーティンの
食事
7
Yase Routine

お酒は量と頻度を守ればＯＫ！糖類ゼロやカロリーオフは、まやかし！

〝ハイボールや焼酎は太らない〟という情報から何杯飲んでも平気と思っている人がいますが、これは大間違い。ハイボールや焼酎は糖質やカロリーで考えれば、〝まだまし〟という程度。

お酒は飲む量と頻度が肝心で、アルコール自体に1グラムあたり7キロカロリー（純アルコール）があるのに変わりはなく、そこにお酒によって糖質、脂質などが含まれて、カロリーが変化します。糖類ゼロやカロリーゼロに替えればいいと言う人がいますが、糖類ゼロの表記は、１００ｇの含有量が０・５以下の場合に〝ゼロ〟と表記できるので、完全に〝ゼロ〟ではないことも。カロリーについても同じで、カロリーが１００ｇあたり５kcal以下未満なら〝ゼロ〟と表記が可能なので、こちらも完全に〝ゼロ〟ではない場合もあります。やせルーティンでのお酒との付き合い方は、「量」と「頻度」を減らすこと、そのためには飲む習慣や選ぶ物を変えることが重要です。

✓ お酒との付き合い方

お酒4カ条

1. “イベントの時だけ”や“週に1回”と飲む回数を決める
2. 飲む時は、好きなお酒を1杯〜2杯と決める
3. 糖類ゼロ、カロリーゼロなどは完全にゼロではない場合もあるので要注意
4. おつまみに揚げ物など高カロリーな物は避ける 締めのラーメンなどは論外!!

● 酒類の糖質とカロリー一覧（100㎖当たり）

種類	糖質(g)	カロリー(kcal)
日本酒（純米酒）	3.6	103
日本酒（本醸造酒）	4.5	107
ビール（淡色）	3.1	40
ビール（黒）	3.4	46
発泡酒	3.6	45
ワイン・白	2.0	73
ワイン・赤	1.5	73
ワイン・ロゼ	4.0	77
焼酎	0	113
ウィスキー	0	237

Check!

飲むならコレ！ でもカロリーはあります

焼酎・ウイスキーなどの蒸留酒は、糖質が含まれていませんが、決してカロリーはゼロではありません。「糖質ないから、何杯飲んでも太らない」ということではないので、飲む量には注意が必要です。また、コーラやジンジャーエールなど甘い飲み物で割るとカロリーが高くなるので、割り物にも注意しましょう。

やせルーティンの

食事

8

Yase Routine

「飲み過ぎた！」「食べ過ぎた！」そんな時は魔法のリセットルールを

飲み過ぎ＆食べ過ぎた日は、「やっちゃった！」とへこむものですが、次の日にリセットすれば大丈夫！　たった1日の食べ過ぎで「もうダイエット失敗だ……」、なんてことにはなりませんから、ご安心を！

やせルーティンでは、そんなことは〝あるある〟出来事として、クヨクヨしないで素早くリセットさせることの方が大事と考えます。

ついつい食べちゃう物の代表といえば、お酒、ピザ、ラーメン、焼き肉……。これらは、塩分、糖質、脂質、小麦粉などの取り過ぎに加えて、カロリーもかなりの摂取量です。次の日起きて、お腹が張っていたり、胸がつかえるような満腹感が残っていたりすると、「昨日食べ過ぎたから、今日は絶食！」という人がいますが、絶食してしまうと、栄養が入ってこないのでさらに腸内環境を悪化させてしまいます。食べ過ぎた次の日は、やせルーティーンが推奨する次ページのリセット方法を実践してみてください。

✓リセットルールで腸内環境を整えよう

リセット3カ条

1. いつもの1.5倍ぐらいの量のミネラルウォーターを飲んで、体内を循環させて老廃物を排出

2. 果物と野菜を食べて、カリウムでナトリウムを排出

3. キノコ類や海藻などで食物繊維をたっぷり取って、腸内環境を整える

Check!

飲み過ぎた次の日のスポーツ飲料水は×

お酒を飲み過ぎた後に脱水症状を回避しようと、スポーツ飲料水を飲む人がいますが、市販の物は砂糖、果糖ブドウ糖液糖を多量に含んでいます。スポーツ飲料水は、学生の部活などで毎日運動する人や数十キロのマラソンなどハードな運動をする場合、または体調が悪く点滴の代わりなど医者の指示に従って飲む以外はおすすめしません。飲み過ぎたな、という次の日はミネラルウォーターをたっぷり飲むようにしましょう。

食べたい物を置き換え！ 1

から揚げは肉と油でデブまっしぐら

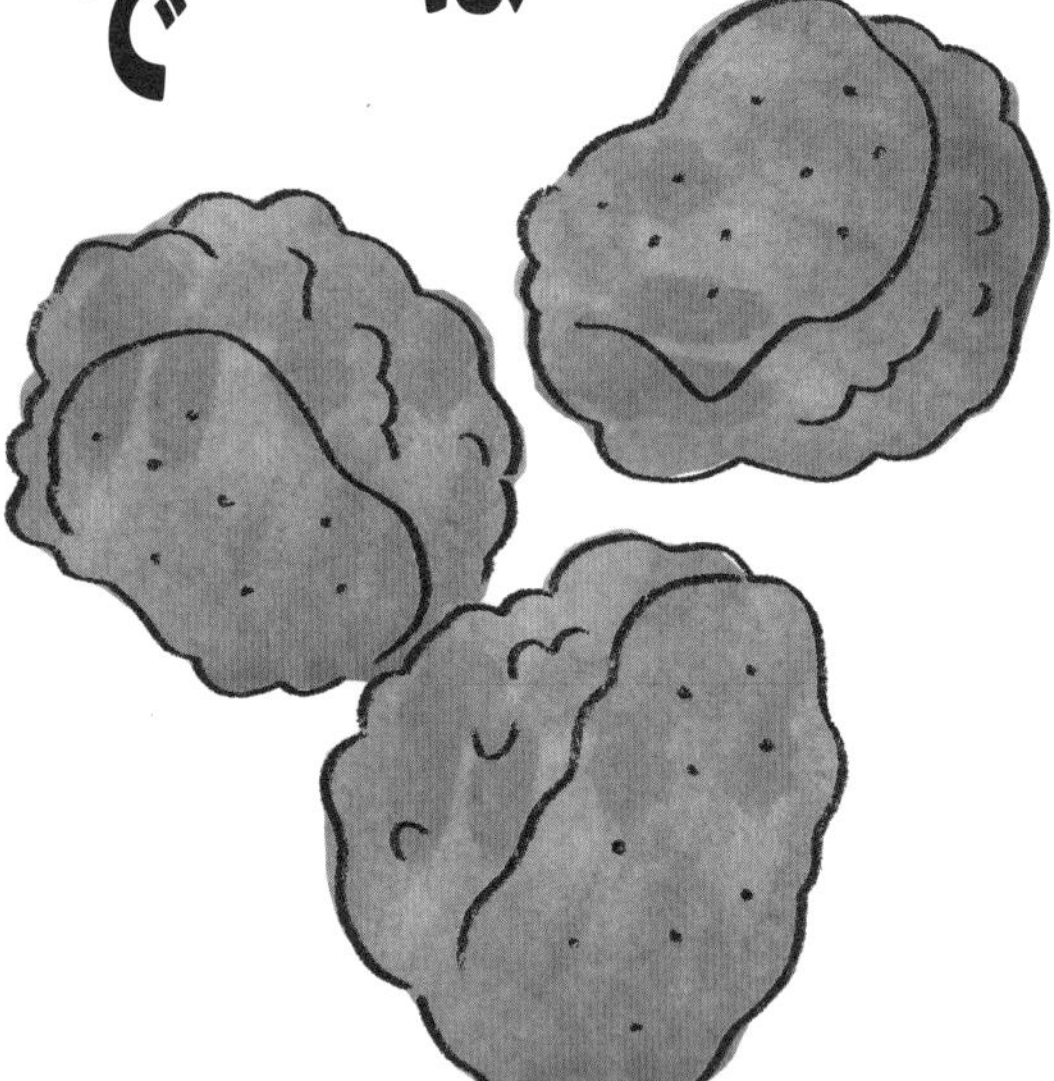

肉×油＝確実に太る

揚げ物代表のから揚げは、ご飯のおかずにも、お酒のおつまみにもピッタリという魅惑の存在。しかし、小麦粉の衣という糖質と揚げ油という組み合わせのうえに、肉のタンパク質もあり、太るためのメニューと言っても過言ではないメニューです。

グリルチキン

塩を振り掛けた鶏肉を、グリルに入れて焼くだけなので、肉の脂はありますが、揚げ油のカロリーはありません。自宅で手軽に作れますし、コンビニでも様々な種類が並んでいます。皮を剥ぐとさらにカロリーオフ！ 鶏肉が食べたくなったら、グリルチキンを選びましょう。

チキンのトマト煮・水炊き

チキンのトマト煮は、低糖質&低脂質なうえに、野菜もたっぷり取れるというまさにダイエットにぴったりなレシピ。しかも簡単で、キノコ類や大豆を足したりとアレンジしやすいのも◎。

簡単さで言うと、水炊きもおすすめ。いろいろな食材を食べられる鍋料理は、栄養バランスも整えやすく、肉の脂肪も落ちるのでグンとヘルシーになります。緑黄色野菜やキノコ類、肉や魚、豆腐など、入れれば栄養バランスもバッチリです。

焼き鳥

ダイエッター、トレーニーが外食するときの強い味方。居酒屋などでも定番メニューなのでお手軽です。おすすめは軟骨、ハツ、砂肝、ささみなど。基本的に高タンパク・低糖質・低カロリーですが、鶏皮はカロリーが高いので避けましょう。“たれ”より“塩”を選びましょう。

いくら野菜といってもこれは“揚げ物”です

ダメなのは、揚げ油の種類

料理の付け合わせや、お酒のおつまみなどで、つまみがちなポテトフライやポテトチップス。この“ながら食べ”はカロリー摂取に無意識な状態なのでダメな食べ方です！

そして、確かにじゃがいもは野菜ですが、外食やスナック菓子で使われている油は、良質ではない油です。どうしても食べたい時は、オリーブオイルで手作りしましょう。

オリーブオイルで手作り
ポテトフライ・ポテトチップス

常温で液体状の不飽和脂肪酸のオリーブオイルは、オメガ9に分類されます(P.73)。酸化しにくく熱に強いため色々な料理に使える油ですが、摂取しすぎはNG。食べ過ぎには要注意です。月1回ほどを目安に!

オリーブオイルの
ポテトチップスの作り方

材料

じゃがいも …… 中3個
オリーブオイル …… 適量
塩 …… 適量

じゃがいもだけではなく、にんじんやカボチャ、ごぼうなどで野菜チップも作ってみるのもおすすめ♪

作り方

❶ じゃがいもを洗って皮を剥く
❷ スライサーを使ってじゃがいもを薄くスライス(厚さ約1㎜)
❸ 5分ぐらい水にさらす
❹ ザルでよく水気を切る
❺ キッチンペーパーでさらに水分を拭き取りしばらく放置(15分程度)
❻ ❺を約160°Cのオリーブオイルで揚げる
❼ じゃがいものフチが波打って、さらに揚げ色がついたら引き上げる
❽ 熱いうちに塩を振ってできあがり

お手軽にお腹は膨れますが、原材料で選びましょう

小麦粉のグルテンは中毒性あり！

“良質ではない炭水化物”(P.63)である小麦粉が主材料である、麺類は避けてほしい食品です。また、小麦粉は中毒性が強く、つい食べたくなってしまいます。しかも、パスタやラーメンなどは、完成するまでに油や色々な材料がプラスされて、その分カロリーも追加されるという罠も。

食べてOK!
麺類ランキング

第1位
十割そば

そばは“つなぎと”して小麦粉を入れることが多いのですが、十割そばはこの“つなぎ”を入れていない“そば粉だけのそば”です。しかも、そばには、食物繊維が含まれるので“良質な炭水化物”です。

第2位
二八そば

そば粉8割に対して、つなぎの小麦粉が2割入ったそばのことです。十割そばに比べると小麦粉の量が増えますが、舌触りが滑らかで食べやすさは○!

第3位
フォー

フォーは優しい味付けで、しかも野菜もたっぷり取れるヘルシーなメニュー。主材料の米粉も、小麦粉に比べて“良質な炭水化物”です。

Check!

パスタ・ラーメンは避けるが吉!

● **パスタ**

“良質ではない炭水化物”である小麦粉が主材料。その上、炒め油やパスタソースなどハイカロリーになりがち。

● **ラーメン**

パスタと同様、小麦粉が主材料なうえに、塩分や脂質が高く、しかも麺自体に油が含まれるというダイエットには向かないメニュー。

どうしても食べたい時は、
月1回を限度に!

甘い飲み物は、恐ろしい量の砂糖が…！

甘い飲料はタダ甘いだけで栄養なし

甘い飲み物には、もれなく砂糖や人工甘味料が含まれています。この人工甘味料は、体に悪い添加物の一つで、脳がその味を覚えるとクセになる強い中毒性が。ジュースや炭酸飲料水、コーヒーでもカフェオレやカフェラテのような甘い飲み物は、気付かず太る飲み物なのです。

ダイエットの盲点です。

Check!

美しく健康になれるハイビスカスティー&緑茶

P.72でも紹介したハイビスカスティーですが、高い抗酸化作用がアンチエイジングに効果的なだけではなく、カリウムとクエン酸も含まれているので、老廃物の排出で“むくみ解消”の効果も！ また、日本人になじみ深い“緑茶”も美しくなれるお茶。カテキンには、体脂肪を分解する作用が！ そしてなんとこの時期に頼もしい“抗ウイルス”作用も。

炭酸水

同じシュワシュワとしたのどごしを求めるなら、“甘い炭酸飲料”ではなく“炭酸水”に置き換えましょう！ これなら人工甘味料も入っておらず、どれだけ飲んでもカロリーゼロです。各飲料メーカーから発売されていて、コンビニなどどこでも買えるのでお手軽です。ただし、炭酸水でも味つきの物は、人工甘味料が含まれているのでNGです。

ソイラテ

コーヒー自体にはカロリーがないのですが、カフェラテなどの割り物である牛乳や、後から加える砂糖が太る原因になります。そこで、牛乳を豆乳にチェンジした“ソイラテ”に置き換えましょう。ほとんどのカフェチェーンでも取り扱いがあるのでお手軽です。

太るべくして、太ります。

ついつい食べちゃう甘い物。チョコやクッキー、ケーキやプリンなど、コンビニでもついついスイーツコーナーに吸い寄せられる……。もう、これは太るってわかってますよね。でも、甘い物や間食のすべてがダメということではなく、“良質な物”ならOK！ 我慢ばかりはつらいので、“質”を考えることがダイエット成功の近道です。また、体によさそうなプロテインバーも、チョコレートにプロテインが入っているだけで、お菓子と一緒なので要注意。

太るってわかってて食べてますよね？

太らないわけないじゃん！

さつまいも・甘栗

さつまいも・甘栗はビタミンやカリウム、食物繊維を豊富に含んでいるので、ダイエットにピッタリの食材！ ご飯やパンの置き換えはもちろん、甘いので間食にもピッタリです。満腹感も得られ、甘さもあって腹持ちもよいという完全食といっても過言ではないダイエット食です。ちなみに、コンテスト前のトレーナーはみんな干しイモを主食にするというくらい、重宝する食材です。

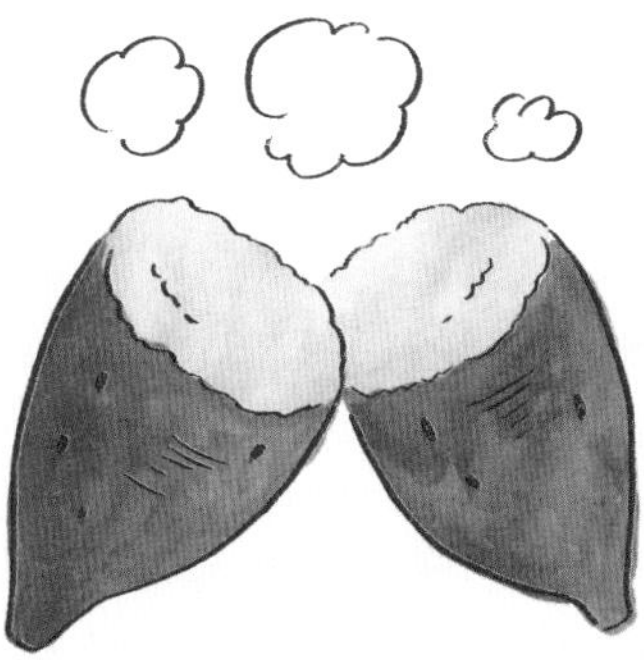

果物

果物には“果糖があるから”という理由でダイエット中はNGという考え方もありますが、やせルーティンでは積極的に取ってもらいたい食品です。果物には食物繊維、ビタミンC、カリウムが含まれ、カリウムが、体にたまった塩分を排出してくれるので、むくみ解消にもつながります。一番おすすめなのはブルーベリー（P.72）ですが、イチゴやミカン、キウイも◎！ 冷凍してもOKです。カットして容器に入れて持ち運び、間食にすると◎。

ナッツ類

ナッツ類は食べ応えもあり、食物繊維が豊富で腹持ちがよく、さらにマグネシウムが含まれると、いいことづくめ。

味がついていない素焼きの物を選ぶことがポイントです。バターピーナッツ、ローストアーモンド、塩味やはちみつが付いているものなどは避けましょう。ナッツは“1日一つかみ”が目安です。

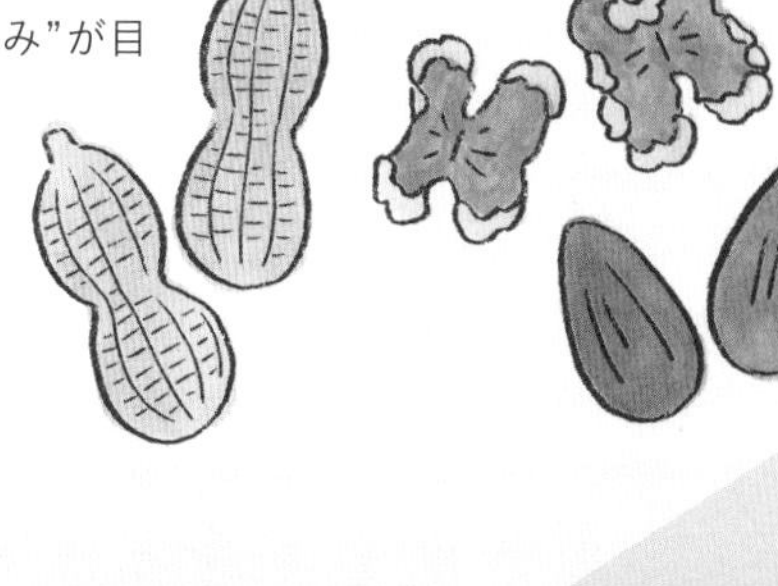

コンビニで選んで
OK・NG アイテム一覧

炭水化物（主食）

同じおにぎりでも玄米や麦飯などの"良質な炭水化物"を選ぶこと。カロリーは同じでも栄養価が高い物、デトックス作用がある物、なるべく添加物が少ないものがベスト。

NG

- **ツナマヨネーズおにぎり**
- **海老マヨネーズおにぎり**

➡マヨネーズはオメガ6の油なので避けましょう

- **牛丼**

➡味付けが濃く高カロリー！

- **パスタ＆うどん**

➡小麦粉製品なので避けて

白米、パン、うどん、パスタなどコンビニでは種類が豊富で、お腹が膨れる物が多いですが、そもそも糖質もカロリーも高い上に添加物が入っている物はダイエット失敗の原因に。体にも悪いのでなるべく避けましょう！

OK

- **玄米おにぎり**

➡白米より栄養価が高い

- **麦おにぎり**

➡麦に含まれる食物繊維がたっぷり！

- **さつまいも**（干しいも、焼き芋）**・甘栗**

➡食物繊維が豊富で腹持ち◎。

Check!

おにぎりは冷えたまま食べる方がいい

ダイエットに効果的なおにぎりの食べ方は、冷たいままで食べること！ お米に含まれるレジスタントスターチ（難消化性でんぷん）はお米が冷えることで出てきます。このレジスタントスターチは血糖値の上昇を抑えてくれます。

タンパク質

摂取したいタンパク源はコンビニでも同じで、大豆、魚などです。筋肉を作るためには必要なので多く摂取して欲しい栄養素ですが、商品によっては成分が悪質な物もあるので、気をつけましょう。

NG

- **サラダチキン**

➡実は添加物まみれ！

- **から揚げ**

➡高カロリーで油の酸化も×

- **ヨーグルト**
- **ゆでたまご**
- **チーズ**

タンパク質の代表として挙げられる鶏肉ですが、パウチされたサラダチキンは日持させるために添加物が入っており、そもそもの鶏肉の質も悪いのでおすすめできません。こうした一見よさそうに見えても選んではいけない物に気をつけましょう。

OK

- **納豆**

➡タンパク質豊富かつ発酵食品でもある逸品

- **豆腐**

➡そのまま冷ややっことして食べても◎！

- **枝豆**

➡タンパク質が豊富でビタミンも補える

- **焼き魚パック**
- **煮魚**
- **魚の缶詰**（味噌煮もOK）
- **ボイルイカ**
- **素焼きアーモンド**

毎食、自炊や手作りお弁当はなかなかハードルが高いので、コンビニやお惣菜に頼るのももちろんOKです。様々なアイテムが売っているので、買う物に気をつければ大丈夫。

炭水化物（パン）

パンは甘さが舌や脳を満たし、お腹がいっぱいになるので胃も満たしますが、高カロリーでトランス脂肪酸を含む物が多い上、腹持ちが悪いので避けたいところ。パンを食べたいなら、以下を参考に！

NG

- **食パン**
- **メロンパン**
- **クリームパン**
- **クロワッサン**
- **チョコパン**

パンには精製された小麦や砂糖が使われ、マーガリンなどにはトランス脂肪酸も使われています。高カロリーで糖質・脂質も高く、特に菓子パンはNG。

OK

- **フランスパン**
➡砂糖や乳製品不使用で硬くてかみ応えあり
- **ローカーボパン**
➡糖質カットで低カロリー
- **米粉パン**
➡小麦粉より米粉の比率が高いのでOK

野菜（サラダ）

コンビニでサラダを選ぶなら基本的にグリーンサラダ。ツナや卵の入った物は、少量ならOK。気をつけるべきはドレッシング！ドレッシングはノンオイルか、塩とエゴマ・アマニ油で。

NG

- **パスタサラダ**
- **ポテトサラダ**
- **ハムサラダ**
- **マカロニサラダ**

「サラダ」と名のつく物でも気を付けなければいけないのが、カロリーが高く脂質が多い物。また、味付けも濃い物だと塩分過多になりやすい。加工肉や麺類などが入っている物も要注意！

OK

- **海藻サラダ**
➡海藻はぜひ取りたい食品！
- **グリーンサラダ**
➡野菜をたっぷり取れる（付属のドレッシングはNG。選ぶならノンオイルを）
- **野菜スティック**
➡野菜のバリエーションが豊富

飲み物

意外とダイエットの盲点なのが、“飲み物”。理想は1日に2～2.5リットルの水分摂取。となると何を飲むか、その質はダイエットや健康づくりの要になります。

NG

- **清涼飲料水**
  ➡糖分過多
- **フルーツジュース・野菜ジュース**
  ➡栄養素が抜けている
- **乳酸菌飲料**
  ➡乳酸菌より糖分過多が問題
- **カフェオレ**
- **スポーツドリンク**
- **エナジードリンク**

「そんなに食べてないのに太るんです」……こういう人は食生活を聞いてみると飲み物でカロリー摂取しているケースが。固形物じゃないから太らない、は大間違い。飲み物は簡単にカロリー摂取できてしまうので要注意!

OK

- **炭酸水**
  ➡余計な物が入っておらずデトックスに○
- **緑茶**
  ➡カテキンには、脂肪分の分解作用が!
- **ブラックコーヒー**
  ➡ブラックならカロリーゼロ
- **紅茶(ストレートティー)**
- **無調整豆乳**
- **ミネラルウォーター**

おつまみ&間食

ダイエット中の間食もここから選べばOKです。間食やおつまみに適している物を知り、食べる量に気をつければ問題なしです!

NG

- **スナック菓子**
  ➡体にいいことなし
- **チョコレート菓子**
  ➡食べるならカカオ80%以上のものを
- **加工肉**
  (ビーフジャーキー、ハム、ベーコン)
- **チーズ**
- **ポテトフライ**
- **から揚げ、コロッケ**

選んではいけない物は、一目瞭然ですね。迷ったらこのページを参考にしてみてください。

OK

- **素焼きアーモンド**
- **素焼きクルミ**
- **パックめかぶ**
- **刺し身こんにゃく**
- **パックひじき**
- **パック切り干し大根**
- **あたりめ**
- **枝豆**
- **こんぶ**
- **茎わかめ**

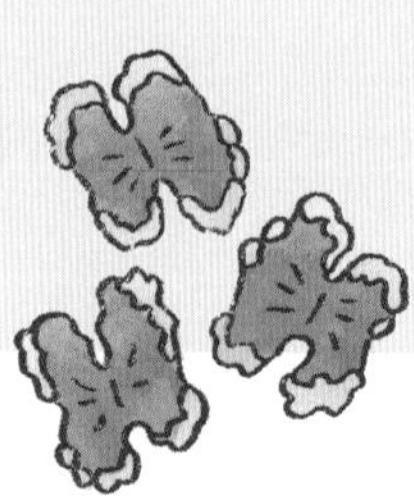

OK・NG 外食一覧

外食のポイントは、洋食よりも和食を選ぶこと。そして、油を使用していない物、味付けは薄味の物で、塩味や甘味が強い物は避けることがポイントです。

NG

イタリア料理

小麦粉、肉などを使用したメニューが多く、糖質も脂質も高いメニューが多いので×。またベーコン、ハムのような加工肉、動物性脂肪のチーズはコレステロールを上昇させ、太る原因となる飽和脂肪酸を多く含むので避けたいジャンルです。

中華料理

食べるなら野菜中心で。もし食べてしまった後はしっかりリセットすることが必須。P.76のリセットルールを参考にしてください。

洋食

一番身近な外食である洋食ですが、実はNG。定番メニューであるオムライス・ハンバーグ・グラタン・ファストフードなどは高糖質、高脂質なので×。

カレー

スパイス自体は体に良いのですが、小麦粉、バターが使われているので避けたいメニューです。

OK

和食

- **焼き魚定食**
- **刺し身定食**
- **お寿司**
- **海鮮丼・親子丼**
- **十割そば・二八そば**

天ぷらや、カツ丼などの揚げ物は高カロリーなのでNG！

基本的に外食するなら和食がおすすめ。魚、野菜などのメニューも多く、定食だと味噌汁や漬物などもあるので献立のバランスも◎! また、油を使用する料理が少ないのでカロリーを抑えることもできます。

韓国料理

- **スンドゥブ**
- **チゲ鍋**
- **サムゲタン**
- **ナムル**

焼肉、サムギョプサル(豚肉)やチヂミ(小麦粉)などは脂質、糖質ともに高くNG!

代謝を高めてくれる辛い物が多く、特にキムチなど発酵食品には腸内環境が整い老廃物の排出を促してくれる効果も♪ 野菜や海鮮、お豆腐などが一緒に食べられるメニューも多いのでOKです。

ベトナム料理

- **フォー**
- **生春巻き**

油っぽくなく、優しい味付けで野菜たっぷりのヘルシーなメニューが多く、日本人の口にも合いやすい料理。香草などが入っているメニューも多く、抗酸化作用で美容効果も期待できるという一石二鳥な料理です。

バインミーはトランス脂肪酸などが含まれるマーガリンや加工肉であるソーセージなども詰められているのでNG！

ダイエット中は、あれはダメ、これは食べなきゃ！ と制限がかかりがちで、食べることがつまらなくなります。ですが、やせルーティンでは、無理や我慢をしないで、なるべく「まごわやさしく」を意識しながらの健康的な食事メニューを推奨しています！

コンビニや外食でも、選び方を知っていれば大丈夫です。お酒も、飲みたくなったらお酒の量やおつまみの選び方に気をつければ居酒屋に行ってもOKです。1週間の献立を参考にして、毎日の食事に取り入れてみてください。

やせルーティーン的

1week 献立プラン

3日目	2日目	1日目	
●オートミールのお茶漬け ●リンゴ1/2個 ●キウイ1個 ●サラダ （トマト+アボカド+大豆+塩、エゴマ油をかける）	●サラダ （茹でたブロッコリー1株+シラス+アマニ油orエゴマ油+和食系のノンオイルドレッシング） ●バナナ1本	●玄米ご飯小盛り ●納豆 ●冷凍ブルーベリー1つかみ ●リンゴ1/2個 ●アーモンド1つかみ	朝
外食（定食屋） ●サバの味噌煮定食 ●干物はNG	外食（コンビニ） ●干しイモ1袋60g ●豆腐1丁 ●パックの焼き魚1個 間食 ●ナッツ類一つかみ	外食（お寿司） ●10貫前後の握り （青魚メイン、旬の魚） ●味噌汁	昼
●玄米ご飯小盛り ●納豆 ●かぼちゃの煮物 ●グリーンサラダ	外食（居酒屋） ●枝豆 ●刺し身 ●小松菜のおひたし ●もずく ●レモンサワー1杯	●味噌お鍋 （キノコ、野菜、冷凍ホタテ、タラ）	夜

間食としてOKなもの

- ナッツ類一つかみ
- 成分無調整の豆乳
- 干しイモ
- あたりめ
- 果物

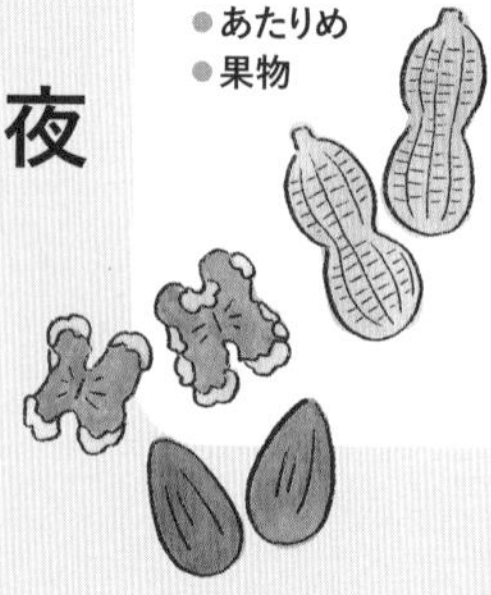

Point

朝は果物を取ってむくみ解消!

玄米は1日握り拳1.5個分が目安

外食は 和食・韓国料理・ベトナム料理

肉・卵・乳製品など動物性の料理は週1回程度に

「ま・ご・わ・や・さ・し・く」「あ・さ・に・に・じ・と・あ・か・ご(こ)」を意識

7日目	6日目	5日目	4日目
ブランチ(朝食兼昼食)	ブランチ(朝食兼昼食)	● 冷凍ブルーベリー1つかみ ● パイナップル1/2個 ● サラダ (赤パプリカ+きゅうりにノンオイルドレッシングをかける)	● リンゴ1/2個 ● ミカン1個 ● サラダ (赤パプリカ+紫キャベツ塩とエゴマ油をかける)
外食(蕎麦屋) ● 十割そば	外食(コンビニ) ● 玄米おにぎり ● パックひじき ● 白菜の浅漬け ● 春雨スープ 間食 ● 干しイモ	外食(韓国料理) ● 海鮮スンドゥブ	外食(コンビニ) ● 玄米おにぎり ● 海藻サラダ ● カットフルーツ 間食 ● 豆乳1本
● 玄米ご飯小盛り ● いんげんの胡麻和え ● トマトサラダ ● 焼き魚(サバ)	● 玄米ご飯 ● お刺し身 ● キノコサラダ(アマニ油+ポン酢) ● 高野豆腐としいたけの煮物 ● わかめの味噌汁	● 焼き魚(いわし) ● あさりの味噌汁 ● 玄米ご飯 ● ぬか漬け ● わかめの酢の物 ● 冷ややっこ	外食(ベトナム料理) ● 生春巻き ● フォー

おわりに

最後までお読み頂きありがとうございます。

ダイエットは、健康的な食事習慣と運動習慣を身につけ〝ルーティン化すること〟で成功するものです。

短期間だけ厳しい食事制限をしても、食事に対する意識や体質（腸内環境）が変わっていなかったらダイエット前と同じ食事をしてしまって、必ずリバウンドしてしまいます。

体は食べたもので作られていくので、本書を参考に、「これを食べたら健康になるかな?」、「これを食べたら綺麗になるかな?」という基準で食材やメニューを選ぶ習慣を身に付けてもらえたらうれしいです。

お付き合いがあったり、様々なイベントもあるので、本書のルールを100％守りきれない場合もあるかもしれません。

そんな時は、朝と夜だけ取り入れてみたり、週の半分だけ取り入れてみるなど、できるところからトライしてみて下さい。
きっとトライした翌週には体調や肌に変化が出て、
少しずつ引き締まった体に近づいていくのを実感できると思います。

海外でもヘルスリテラシーの高い人は、伝統的な日本食を食べたり、植物性の食品を中心にしたりと、本書で紹介している和食を中心とした食事は、いま注目を浴びています。日々の食事の積み重ねがあなたの体型を決めており、将来の病気のリスクを決めていくのです。

最後に、本書に興味を持って手に取ってくださった皆様が、健康的な食事の素晴らしさに気づき、トレーニングも楽しんでくれるようになり、〝やせルーティン〟を身につけてくれたら、そしてその輪がどんどん広がってくれたら、と願ってやみません。

BOSTY代表トレーナー　阿部一仁

阿部一仁（あべかずひと）

パーソナルトレーニングジム・BOSTY代表。2015年に、一人ひとりに合った理想のからだづくり（BODY MAKE）にこだわるジム、BOSTYを設立。その確かな技術がメディアで注目される。タレントやモデル、著名人も多く通い、絶大な支持を得ている。また、2019年NPCJ BEEF SASAKI JAPAN CLASSIC メンズフィジーク オープンクラス別で優勝経験を持つ。

BOSTY HP
https://www.bosty.jp/

Instagram
@bosty_official

やせルーティン

モデルや女優が続けている
毎日の"ルーティン"を真似するだけ！

2021年9月1日　　初版第1刷発行

［著者］　阿部一仁

［発行人］　山口康夫

［発行］　株式会社エムディエヌコーポレーション
〒101-0051 東京都千代田区神田神保町一丁目105番地
https://books.MdN.co.jp/

［発売］　株式会社インプレス
〒101-0051 東京都千代田区神田神保町一丁目105番地

［印刷・製本］　シナノ書籍印刷

Printed in Japan

定価はカバーに表示してあります。

【カスタマーセンター】
造本には万全を期しておりますが、万一、落丁・乱丁などがございましたら、送料小社負担にてお取り替えいたします。お手数ですが、カスタマーセンターまでご返送ください。

落丁・乱丁本などのご返送先
〒101-0051 東京都千代田区神田神保町一丁目105番地
株式会社エムディエヌコーポレーション カスタマーセンター
TEL：03-4334-2915

内容に関するお問い合わせ先
info@MdN.co.jp

書店・販売店のご注文受付
株式会社インプレス 受注センター
TEL：048-449-8040／FAX：048-449-8041

ISBN978-4-295-20198-4　C0075

制作スタッフ

［装丁・本文デザイン］　木村由香利（986DESIGN）
［イラスト］　なかきはらあきこ
［執筆協力］　高橋奈央
［撮影］　彦坂栄治（まきうらオフィス）
飯島浩彦（MASH）
鈴木峻太（MASH）
［ヘアメイク］　波佐間悠子（f-me）
貞廣有希
［スタイリスト］　高橋奈央
［衣装協力］　seeset

［モデル］　ダレノガレ明美（LIBERA）
［モデル］　東野佑美（イデア）

［校正］　正木桂
［編集長］　山口康夫
［担当編集］　森 公子